イラスト版 気持ちが伝わる言葉の使い方

花田修一［編］
［日本教育大学院大学学校教育研究科長／教授］

子どもとマスターする49の敬語

合同出版

読者のみなさんへ

こんにちは、ようこそ本書にいらっしゃいました。あなたとの出会いをお待ちしていました。うれしく思います。

みなさんは日ごろ、家庭や学校、社会の中などにおいて、さまざまな人と会話をしています。ふだんの生活では、その時々の気持ちが言葉の意味と合うように、なにげなく、言葉を選び、話し方を考えていると思います。ただし、完ぺきに言葉を使い分けるのは、おとなでもむずかしいことです。この本では、「使える敬語《けいご》」を子どもとおとながいっしょに学べるように、三つの章にまとめました。

第１章「敬語の基本《きほん》を学びましょう！」では、「敬語の基本」である「ていねい（丁寧）語」「けんじょう（謙譲）語」「そんけい（尊敬）語」についての見分け方や基礎的《きそてき》な知識《ちしき》、またそれぞれの敬語の基本的な使い方についてわかりやすく説明しました。

「お」や「ご」の付け方、「です」や「ます」の使い方、「れる」「られる」の付け方、「いただく」や「召《め》し上《あ》がる」などの特別な敬語法について解説《かいせつ》を加えました。まずは、敬語への理解を深めましょう。

第２章「敬語を使ってみましょう！」では、第１章で学んだ「敬語の基礎的な知識」や「敬語の基本的な使い方」を実際《じっさい》に使って「敬語の活用《かつよう》」ができるようにした内容《ないよう》が中心となっています。例えば、「あいさつ言葉」の「こんにちは」や「ごめんください」や「いらっしゃいませ」、「感謝《かんしゃ》の気持ち」を表す「ありがとうございます」、「ねぎらいの言葉」の「ごくろうさま」や「おつかれさま」、「あやまるときの言葉」の「すみません」「ごめんなさい」「申しわけありません」などです。

家族や友だちや近所の方や学校の先生や社会人の方などに対する「適切《てきせつ》な言葉の使い方」について「敬語の活用」を中心に具体的に説明をしました。

第３章「これは楽しい、敬語の練習プログラム」では、第１章と第２章で学んだ「敬語の使い方」を身に付けるためのワークやゲームを紹介《しょうかい》しました。復習をかねて楽しみながら挑戦《ちょうせん》してみましょう。

自分の気持ちや用件が相手にきちんと伝わるために、相手や目的や場面などをよく考えて、それにふさわしい「言葉の使い方」を心がけることが大切です。「言葉づかい」は「心づかい」でもあります。心のやさしい人は、やさしい言葉が使える人です。また、やさしい言葉が使えるようになると、心のやさしい人に育ちます。

本書が、みなさんの「豊《ゆた》かな言葉の使い方」のお役に立つことを願っています。

花田　修一
（日本教育大学院大学学校教育研究科長／教授）

もくじ

イラスト版 気持ちが伝わる言葉の使い方 子どもとマスターする49の敬語

第3章 これは楽しい、敬語の練習プログラム

1 ていねい語は敬語の基本です。

主《おも》な敬語《けいご》には、ていねい語（丁寧語）、けんじょう語（謙譲語）、そんけい語（尊敬語）があります。「ていねい語」は、相手をうやまい、ていねいに話す言葉です。

「ていねい語」はふだんの生活でよく使われる言葉で、家族や友だちに対しても使われます。ていねい語にするためには、言葉の始めに接頭語《せっとうご》の「お」「ご」を付ける方法、言葉の末尾《まつび》に接尾語《せつびご》の「です」「ます」を付ける方法があります。また、特別なていねい語もあります。

1 知らない人だからこそ……。

■相手《あいて》が不安になる言い方

ここ、座《すわ》っていい？
えっ。
知らない人なのに……。

ポイント 知らない人から乱暴《らんぼう》な言葉づかいで話かけられると、相手は不安になったり、不ゆかいになったりします。

■相手が安心する言い方

ここに座っても
いいですか？
はい。どうぞ。

ポイント ていねいに話しかけることで、相手は安心します。

2 「ていねい語」の代表は「です」と「ます」です。

ふつうの言い方	ていねいな言い方
行く	行きます
来る	来ます
森だ	森です
おいしい	おいしいです

ポイント 文末を「です」「ます」にかえるとていねいな言い方になります。

3 「お」や「ご」を付けるていねい語

「お」が付くもの

例 お正月
おまんじゅう
お世話する　など

「ご」が付くもの

例 ご立派《りっぱ》
ご家族
ご出張　など

「お」や「ご」を付けないもの

例 八百屋《やおや》さん　→　×お八百屋さん
頭《あたま》　→　×お頭（お頭《かしら》は○）
トマト　→　×おトマト　など

お正月は、お年玉をもらって、
おまんじゅうを食べる。
お年玉

ポイント　本来「お」や「ご」をつけないものにも言葉のヘンな感じを楽しむために「お」や「ご」を付けて使う場合もあります。

4 特別なていねい語があります。

ふつうの言葉	特別なていねい語
だれ	どなた
あっち	あちら
そっち	そちら
どう	いかが
おれ	わたし
このまえは	先日は

ポイント　ていねい語に言いかえることで、あらたまった言い方になります。

先生の家《うち》→先生のお宅《たく》
どっちがいいですか→どちらがいいですか
だれが選ばれましたか
→どなたが選ばれましたか
さっきは、失礼いたしました
→先ほどは、失礼いたしました
すみませんが、もうちょっとお待ちください
→恐れ入りますが、もう少々お待ちください

豆ちしき

「御御御（おみお）つけ」の成り立ち

みそ汁《しる》の上品なよび名を「おみおつけ」と言います。「御御御（おみお）つけ」と漢字で書きます。最初は「つけ」だったのが、ていねい語に付ける接頭語《せっとうご》の「御」が付いて「御《お》つけ」になり、さらに「御御《みお》つけ」になり、挙《あ》げ句《く》の果《は》てに「御御御《おみお》つけ」になったと言われています。

2 「お」「ご」を付けて言います。

お手紙、お弁当、ご参加、ご入学などのように言葉の頭に「お」「ご」が付くと、ていねいな言葉になります。「お」や「ご」は、漢字で「御」と書きます。相手の持ち物、相手の行動に付けると、相手をうやまう言い方になります。ふつうの会話でもたくさん使われますが、中には、「おビール」「おトイレ」など少しおおげさな使われ方がされることがあります。なるべくていねいな言葉を使いたい気持ちの表れでしょう。

「お」「ご」はじょうずに使えば、目上の立場の人をうやまう「そんけい語」にも、自分の立場をひかえめにして相手の立場を高める「けんじょう語」にも、言葉を美しくかざる「美化語《びかご》」にもなります。

1 「お」が付く言葉と「ご」が付く言葉

読む→お読みになる
書く→お書きになる
食べる→お食べになる

ポイント 「お」が付くのは、送りがなのある言葉です。

利用する→ご利用になる
出席する→ご出席になる
来場する→ご来場になる

ポイント 「ご」が付くのは、漢字の熟語《じゅくご》（二つ以上の漢字から成る単語）で「○○する」になる言葉です。

2 「お……になる」が使えない言葉があります。

	×	○
いる（居る）	おいるになる	おられる
着　る	お着るになる	お召《め》しになる
来　る	お来るになる	おいでになる
寝　る	お寝るになる	お休みになる
見　る	お見るになる	ご覧になる

ポイント 「お……になる」が使えない言葉（「お着るになる」など）は、特別な敬語《けいご》を使います。

3 自分の物、行動には「お」「ご」は付けません。

ポイント 自分の物や自分のすることをていねいにしようとして、「お」や「ご」を付けると滑稽《こっけい》になってしまうことがあります。

4 相手をうやまう話し方

■「ます」を付けた言い方

ポイント 「使う」にていねい語の「ます」を付けてていねいに聞いています。

■「お……になる」を付けた言い方

ポイント 「使う」に「お……になる」を付けるとよりていねいな気持ちが伝わります。相手の人も気持ちよく返事をしてくれます。

3 「です」「ます」を語尾に付けて ていねいに話します。

「です」「ます」は、接尾語《せつびご》という文の末尾《まつび》に付ける「ていねい語」です。人や物について表す「名詞」や、動きを表す「動詞」、「きれい」のように状態を表す「形容動詞」の語幹《ごかん》など、いろいろな言葉に付けられるていねいな言葉です。

書き言葉には、「です・ます」体《たい》と「だ・である」体がありますが、「です・ます」体の方が、ていねいな感じがします。

会話を「だ・である」で話してみましょう。かた苦しい感じがします。「本だ」「行く」と言うより、「本です」「行きます」の方が相手に対する気づかいを感じられます。

1 「です」を付けるとていねいな感じがします。

■友だちに対する言い方

■ていねいな言い方

ポイント 「です」を付けると、相手への気づかいが感じらる言い方になります。

2 「です」「ます」で会話をしてみましょう。

■家族に対する言い方

■他人に対するていねいな言い方

ポイント 近所のおばさんには、お母さんよりていねいな言葉づかいをしています。

3 こんな使い方をしていませんか？

ポイント 「○○っす」「○○っすか」は「です」「ですか」を短くした言い方です。くだけた表現《ひょうげん》で、親しい仲間の中では使われますが、先生や年配の方には用いないようにしましょう。

4 「です」「ます」に「しょう」が付くと「でしょう」「ましょう」になります。

ポイント 「でしょう」「ましょう」では質問、推量《すいりょう》、意思などを表します。言い切りの形は「です」「ます」です。

■質問
「今日は船が出るでしょうか」

■推量
「今日は雨になるでしょう」

■意思
「（わたしが）資料《しりょう》を運びましょう」

■相手への問いかけ
「（よろしければ）資料を運びましょうか」

豆ちしき 「です」と「ございます」

「です」は、「小学生」「本」などの名詞や、「ゆるやか」などの形容動詞の語幹に付けます。「ありがとうございます」のように、形容詞（「ありがたい」）には「ございます」を付けます。ほかには「おいしゅうございます」（「おいしい」）「お寒うございます」（「寒い」）と用いますが、最近では「寒いです」「おいしいです」などの言い方もされます。

「ございます」は「ある」のていねい語で、「ここに本がございます」などの使い方もします。

4 けんじょう語は なかなか手ごわい！

「けんじょう」とは、「謙譲」と書き、相手から一歩さがって、自分を低めることによって相手を高めること、また、ひかえめである様子を言います。この気持ちを表すのが「けんじょう語」、けんじょうの表現《ひょうげん》です。

自分の行動や気持ちを相手と同じ高さから意識《いしき》的に一段《いちだん》下に置いた言い方なので、けんじょう語は自分の行動に対して使います。「けんじょう語」はなかなか手の込《こ》んだ言葉づかいですが、多くの言葉はパターンにあてはめて使うことができます。「けんじょう語」を使い、相手に気持ちを伝えましょう。

1 けんじょう語のしくみと使い方

ポイント 「一だんおりる」ことを「へりくだる」と言います。

ポイント 自分を下において、相手をうやまいます。

2 「お○○する」という形でけんじょう語にします。

ふつうの言葉	けんじょう語
聞く	お聞きする
持つ	お持ちする
話す	お話しする

ポイント ふつうの言葉に「お」と「する」をつけてけんじょう語にする方法があります。
ただし、「行く」「言う」などのように、この形にならない言葉には特別なけんじょう語を使います。

■ていねい語の「ます」をつけるともっとていねいな表現になります。

お聞きする	→	お聞きします
お持ちする	→	お持ちします
お話しする	→	お話しします

3 特別なけんじょう語があります。

ふつうの言葉	けんじょう語
食べる	いただく
聞く	うかがう
行く	まいる／うかがう
する	いたす

■ていねい語の「ます」を付けるともっとていねいな表現になります。

いただく	→	いただきます
うかがう	→	うかがいます
いたす	→	いたします

ポイント ふつうの言葉に対応する特別なけんじょう語があります。

4 けんじょう語を表に整理してみましょう。

ふつうの言葉	けんじょう語	特別なけんじょう語

聞く	お聞きする・おたずねする	うかがう
持つ	お持ちする	—
話す	お話しする	—
食べる	—	いただく
行く	—	参る・うかがう
する	—	いたす

ポイント 「お○○する」という言い方と特別なけんじょう語の二つがある言葉、「お○○する」という言い方しかない言葉、特別な言い方しかない言葉があることがわかります。この区別は使わないとわかりません。使いながら正しい言い方を覚えてください。

練習問題

□の中の言葉を「けんじょう語」に変えてください。②には、けんじょう語と特別なけんじょう語の２パターンを考えてください。

①先生、お荷《に》物《もつ》を［持ち］ます。→先生、お荷物を＿＿＿＿＿＿＿＿します。

②道を［聞き］ます。→道を＿＿＿＿＿＿＿＿します。　道を＿＿＿＿＿＿＿＿ます。

③これを［食べて］いいですか。→これを＿＿＿＿＿＿＿＿いいですか。

【答え】 ①先生、お荷物をお持ちします。　②道をお聞き／おたずねします。道をうかがいます。
③これをいただいていいですか。

5 そんけいを表す表現には、五つの方法があります。

「そんけい語」は、相手の行動・持ち物・状態《じょうたい》などに対してうやまう気持ちを表す言葉です。主《おも》に五つの方法があります。

❶そんけいの意味を持つ特別な言葉を使う方法。
❷「お」「ご」などの接頭語《せっとうご》、「さん」「様」などの接尾語《せつびご》を使う方法。
❸「お」「ご」のていねい語と組み合わせ「お○○になる」を使う方法。
❹「れる・られる」などの助動詞《じょどうし》を使う方法。
❺「くださる」「なさる」「あそばす」など、特別な語尾《ごび》を使う方法。

1 そんけいを表す特別な言葉があります。

ふつうの言葉	そんけい語
行く／来る／いる	いらっしゃる
言う	おっしゃる
食べる	召《め》しあがる
飲む	召しあがる
くれる	くださる
する	なさる

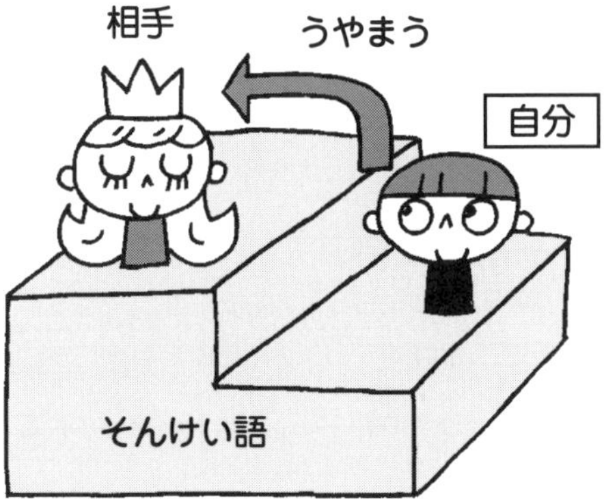

ポイント ふつうの言葉に対応する特別なそんけい語があります。

2 「お」「ご」などの接頭語、「さん」「様」などの接尾語を付けます。

接頭語	接尾語
お客　お家《うち》　ご主人　お考え 芳名《ほうめい》　貴社《きしゃ》　御地《おんち》　ご尊父《そんぷ》　など	山田さん　田中様 山本先生　閣下《かっか》　など

ポイント 「社長様」「先生様」という使い方は、「社長」、「先生」という言葉がそれ自体で尊称《そんしょう》なので、「様」を付けると変な感じがします。ただし、「お客様」「ご家族様」のように同時に付けて、うやまう気持ちをより高める使い方があります。

3 「お」「ご」と「になる」を組み合わせて「お○○になる」「ご○○になる」を使います。

ふつうの言葉	そんけい語
見える	お見えになる
話す	お話しになる
参加する	ご参加になる
心配する	ご心配になる

ポイント ○○するのは、相手です。
「お○○になる」「ご○○になる」の形にならない言葉は、特別な言葉を使います。

4 助動詞の「れる・られる」を付けてそんけいを表します。

■ふつうの言い方
先生がオペラを歌う。

■そんけいの言い方
先生がオペラを歌われる。

■ふつうの言い方
王様が木を植える。

■そんけいの言い方
王様が木を植えられる。

ポイント 「れる」「られる」を先生の行動に付けてそんけいを表します。ただし、「れる」「られる」はそんけいの程度《ていど》がそれほど高くないので、身近で親しい年上の人に対してもよく使われます。

5 そんけいを表す特別な語尾がいろいろあります。

話す ＋ くださる → お話しくださる
狩《か》りをする ＋ なさる → 狩りをなさる
乗馬をする ＋ あそばす → 乗馬をあそばす

ポイント 「くださる」「なさる」「あそばす」を文末に付けてそんけいの言い方にします。

6 「れる」「られる」を語尾に付けてそんけいの気持ちを表します。

「れる」「られる」は、そんけいの度合いがそれほど高くないので、身近で親しい年上の人に対しても使われます。改まった場面や、もっとそんけいの度合いを高くしなければならない人に対しては、別のそんけい語を使います。

ただし、「れる」「られる」には、そんけいの意味のほかに、「○○することができる」（可能《かのう》）、「人から○○される」（受け身）、「自然に○○になる」（自発）がありますので、どんな意味なのかを文章全体の中で理解《りかい》する必要があります。

1 「れる」「られる」はそんけいの程度《ていど》があまり高くない言い方です。

■「れる」を使った言い方

ポイント 近所の人にも使います。

■とてもていねいな言い方

ポイント 相手の位がもっと高ければ、よりそんけいの程度が高い「お越しになる」を使います。

2 相手の行動を表す言葉に「れる」「られる」を付けてそんけいの言い方にします。

・校長先生が沖縄《おきなわ》へ行く。→　校長先生が沖縄へ行かれる。

・校長先生が旅行する。→　校長先生が旅行される。

・向こうから校長先生が来る。→　向こうから校長先生が来られる。

・校長先生がコートを着る。→　校長先生がコートを着られる。

3 「れる」の付く言葉と「られる」の付く言葉。

「れる」の付く言葉		
行かれる	歌われる	運動される
演説《えんぜつ》される	思われる	泳がれる
書かれる	買われる	される
取られる	飲まれる	乗られる
話される	休まれる	読まれる　など

「られる」の付く言葉		
出られる	植えられる	受けられる
演じられる	起きられる	教えられる
覚えられる	考えられる	感じられる
着られる	答えられる	来られる
乗せられる	触れられる	見られる　など

4 「れる」「られる」はさまざまな意味があります。

先生は午後1時に来られる。

「来ることができる」という可能の意味なのか、そんけいの表現《ひょうげん》なのかがわかりません。「先生は午後1時にいらっしゃる」と言いかえると、意味が正確《せいかく》に伝わります。

王様が劇場《げきじょう》で笑われる。

「人に笑われる」という受け身の意味なのか、そんけいの表現なのかわかりません。「王様が劇場で（芝居《しばい》をご覧《らん》になって）お笑いになる」と言いかえると、意味が正確に伝わります。

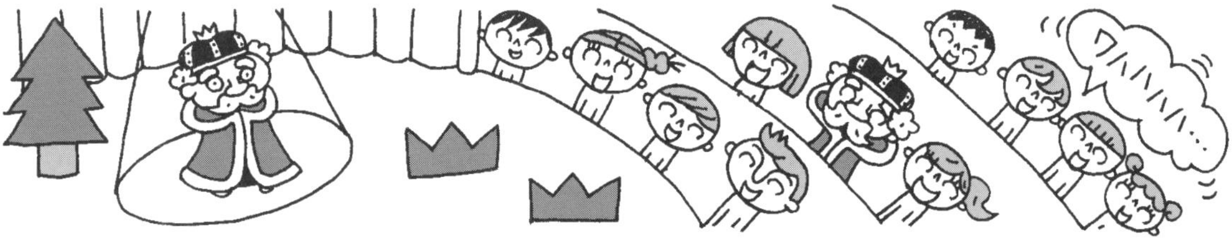

ポイント　そんけい・可能・自発・受け身の意味もあるので文全体で意味を理解する必要があります。複数《ふくすう》の意味が読み取れる文だと、何を言いたいかわからなくなるからです。

豆ちしき　「ら抜《ぬ》き言葉」

「テレビを見れる」「食べれる」など、「られる」の「ら」を抜いた言葉です。地方によっては、「ら抜き言葉」が日常に使われたり、日本文学の名作にも「ら抜き言葉」が使われている場合があります。「ら」を付けなくてはならない言葉は❸の表を参考にして使いましょう。

7 あいさつ言葉「おはようございます」をじょうずに使います。

「あいさつ」は人と人を結びつける、とても重要なコミュニケーションの手段《しゅだん》です。その日の初めに会ったときの「あいさつ言葉」が、「おはようございます」です。新しい朝をむかえた、すがすがしい気持ちがとてもよく表れています。「おはようございます」を分解《ぶんかい》すると、「お」「はや(早)い」「ございます」になります。頭に付けると「ていねい語」になる接頭語《せっとうご》の「お」とていねい語の代表「ございます」を付けて、ていねいな表現《ひょうげん》になっています。

1 家でのあいさつ

ポイント 元気よくあいさつをすると気分もよくなります。寝《ね》ぼけていたり、気分が悪いと、なかなかそれができません。

2 友だちとのあいさつ

■友だち同士の言い方

■先生に言うと……

ポイント あいさつする相手によって言い方が変わります。

3 ていねいに「おはようございます」

■目上の人へのあいさつ

ポイント 目上の人にあいさつするときには、ていねいな言葉を使います。きちんとしたあいさつは言う方も、受ける方も気分のいいものです。

■大勢《おおぜい》の人へのあいさつ

ポイント 大勢にあいさつするときには、ていねいな言葉を使います。大勢の中には、あなたより目上の人がいるかもしれないからです。

4 あいさつにも表情《ひょうじょう》があります。

ポイント あいさつには、その人の気持ちや体の調子《ちょうし》が表れます。元気のないあいさつもその人からのメッセージなのです。

豆ちしき 「おはよう」の成り立ち

「おはようございます」は「早い」が元《もと》になってできた言葉です。「早い」の前にていねい語の「お」が付いて、「お早い」になりました。「お早い」は、「お早く」になり、さらに「おはよう」などと変化しました。その後ろにていねい語の「ございます」が付いて「おはようございます」になりました。

8 食事のときのあいさつ言葉「いただきます」

食事を始めるときのあいさつ言葉が「いただきます」です。「もらう」のけんじょう語「いただく」にていねい語の「ます」を付けた、敬語《けいご》の表現《ひょうげん》です。

だれに対して、「いただきます」と言っているのでしょうか。食事を作ってくれた人に対して？　食事を食べられるように働いてくれている家族に対して？　野菜《やさい》や魚などの命《いのち》に対して？　目の前にならんだ食事を食べられる理由を考えてみましょう。

1 どちらが良い気持ち？

ポイント　きちんとあいさつをすると食事を作った人もうれしくなります。
食べる人も気持ちよく食べることができます。

2 「いただきます」は「もらう」のけんじょう語です。

ポイント　「いただく」は漢字で「戴く」と書き、もともと「物を頭に載《の》せる」という意味がありました。
今でも、物をもらうとき、物を高く掲《かか》げて「いただきます」というマナーがあります。

3 「○○させていただく」「○○いただく」の使い方

見せていただく

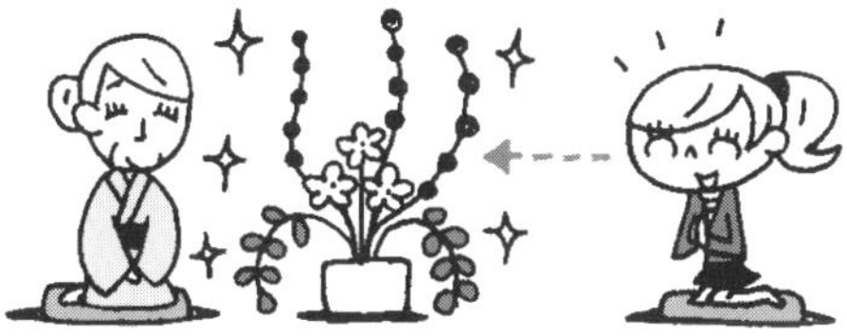

■ほかには……
・貸《か》していただく
・教えていただく
・説明させていただく
・乗せていただく　など

見ていただく

■ほかには……
・お貸しいただく
・お教えいただく
・説明していただく
・乗っていただく　など

ポイント　どちらも自分がだれかに「○○してもらう」という意味です。「○○させていただく」は自分が行動する側の場合に使います。「○○いただく」は自分以外が行動をする側の場合に使います。

4 「いただく」には三つの意味があります。

■食べる

■飲む

■もらう

ポイント　「いただきます」の「いただく」は、「食べる」の「けんじょう語」です。自分が食べることをへりくだったけんじょうの表現です。

練習問題

次の言葉を「○○していただく」と「○○いただく」の形に使い分けてみましょう。

①使う
②休む
③連らくする

【答え】
①使わせていただく／使っていただく
②休ませていただく／休んでいただく
③連らくさせていただく／連らくしていただく

9 食事のときのあいさつ言葉「ごちそうさまでした」

「ごちそうさま」を漢字で書くと「ご馳走さま」となります。「馳走《ちそう》」は「走り回る」または「おいしい食べもの」「りっぱな食事」という意味です。つまり、走り回って、おいしいものを用意して、人をもてなすことを「ちそう」と言ったのです。素晴《すば》らしい漢字の表現力《ひょうげんりょく》です。

「ちそう」の前にていねい語の「ご」（接頭語《せっとうご》）、後にていねい語の「さま」（接尾語《せつびご》）をつけて、その厚意《こうい》に感謝《かんしゃ》する「ごちそうさま」というあいさつ言葉ができたのです。

1 「馳走」があいさつ言葉に変わりました。

ポイント よその家で食事をいただいたときには、さらにていねいに「ごちそうさまでした」と言います。

2 食事に関するていねいな言い方

ポイント ちそう」にていねい語の「ご」と「ます」を付けて、「食事をもてなす」という意味のていねいな言い方ができます。

3 「ごちそうしていただく」

ポイント 「ごちそうしていただく」はおじさんに対するけんじょう語です。

4 「ごちそうしてくださる」

ポイント 「ごちそうしてくださる」は、ごちそうしてくれるおじさんへのそんけいの気持ちを表す言い方です。「くださる」はそんけい語です。

豆ちしき 「いただきます」と「ごちそうさま」の文化

英語や中国語には「いただきます」「ごちそうさまでした」にあたる食事のときの「あいさつ言葉」はありません。

食文化の盛んなフランスやイタリアには、「いただきます」にあたる言葉があります。フランス語では「ボナペティ(Bon appétit)!」、イタリア語では「ボンアペティート(Buon appetito)!」という言葉があります。どちらも「食欲(appétit/appetito)」という言葉を用いて、「食事を楽しもう」という意味で使われています。

10 「いってきます」「ただいま」は家族の合い言葉です。

「いってきます」は、家を出るときのあいさつ言葉です。送り出す人は、「いってらっしゃい」と返事します。「いってきます」には、「行って帰ってきます」の意味が込《こ》められています。また、「いってらっしゃい」には「ぶじに帰っておいで」という願いが込められています。

「ただいま」は無事に帰ってきたことを伝えるためのあいさつの言葉で、むかえる人は、「おかえりなさい」と返事します。

「いってきます」「ただいま」のあいさつ言葉は、その人が家族や家族のような親密《しんみつ》な間柄《あいだがら》であることを確かめる合い言葉でもあります。

1 「いってきます」は「行って帰ってきます」の意味です。

ポイント 家族が出かけるときは「いってらっしゃい」と声をかけましょう。

2 「いってきます」の前後に「情報《じょうほう》」を付けましょう。

ポイント 「いってきます」の前と後に「どこへ、だれと、いつ帰る」を言い添《そ》えましょう。

3 「ただいま」は「今、帰りました」の意味です。

ポイント
「ただいま」のひと言で、待っていた人は安心します。
約束の時間よりおそくなるときは、帰りを待っている人ににおくれることを電話で連らくします。おそくなると、待っている人は「何かあったのではないか」と心配するからです。

4 「ただいま」の後は……
家に入るとき、くつをそろえましょう。

ポイント
「脚下照顧《きゃっかしょうこ》」という禅宗《ぜんしゅう》の言葉があります。脚下は「自分の足もと」、照顧は「よく見ろ」という意味です。つまり、はきものをそろえることで、自分を見つめ直せという教えです。

豆ちしき 「行きます」とだけ言った時代

太平洋戦争《たいへいようせんそう》（1941 ～ 45 年）のとき、軍人は家族や友人と別れて戦地に行くとき、「いってきます」とは言わず、「行きます」とだけ言い残して戦地に行ったそうです。別れの辛い気持ちを伝えることさえできないような時代が二度とないように、平和を守っていかなければなりません。

11 お客様を「こんにちは」でおむかえします。

「こんにちは」は学校でもよく使われる「あいさつ言葉」です。「今日は」と漢字で書きますが、この後に続く「ごきげんいかがですか？」のような言葉が省略《しょうりゃく》され、あいさつ言葉になりました。

学校には毎日たくさんのお客様がお見えになりますが、来校する目的はさまざまです。まずは元気良く「こんにちは」「ようこそいらっしゃいました」とあいさつをしましょう。ていねい語やけんじょう語、そんけい語をじょうずに使って案内すると、学校への好感度もアップします。

1 よその学校の先生が来ました。

■まちがった言い方

■ていねいな言い方

ポイント　お客様にはきちんとした言葉であいさつをしましょう。友だちの間で使うような言葉は失礼です。

2 「こんにちは」から会話が始まります。

■お客様をむかえたとき――
こんにちは。いらっしゃいませ。どうぞお上がりください。

■友だちが家にいるかどうかたずねるとき――
こんにちは。山本くんはいらっしゃいますか。

■初めて会うとき――
こんにちは。はじめまして。田中と申します。

■友だちのお宅《たく》に行ったとき――
こんにちは。おじゃまします。

3 「はじめまして」のごあいさつ

■感じの悪い言い方

■感じのよい言い方

ポイント　初めて会った人には、「こんにちは」の後に「はじめまして」と続け、自分の名前を言います。あいさつは、元気に、はっきりと言います。

4 「こんにちは」の成り立ち

■昔は……

■今は……

ポイント　もともとは「今日はごきげんいかがですか？」と使われていました。しだいに「今日は」の後を省略するようになり、今の「こんにちは」という言葉はできました。ですから「こんにちわ」ではなく、「こんにちは」と書きます。

豆ちしき　一日のあいさつ言葉の使い分け

おはようございます　→　朝のあいさつに使います。
こんにちは　→　朝と夜以外は、こんにちはを使います。
こんばんは　→　「今晩《こんばん》は○○ですね」の後が省略された形。夜のあいさつに使います。

12 よその家をたずねるときのあいさつ言葉「ごめんください」

よその家に行ったとき、最初にかけるあいさつ言葉が「ごめんください」です。用事があってやってきたことを声に出して伝える言葉です。ときにはインターホンを通して、顔の見えない相手に話すこともあります。名前を名乗り、ていねいな言葉と話し方で用件《ようけん》を話します。

「ごめん」は、漢字で「御免」と書きますが、「免」は「ゆるす」という意味です。映画やドラマで武士が、「ごめん」と玄関《げんかん》先で声をかけている場面がありますが、家の中に入ることを「ゆるしてくだされ」とあいさつしているわけです。

1 「ごめんください」とあいさつします。

ポイント 「ごめんください」の後に用件を伝えましょう。

2 「ごめんください」から「では、ごめんください」まで

「ごめんください。木村です」

「**おじゃまします**」（家の中に入れていただいたとき）

「**いただきます**」（お菓子《かし》や飲み物を食べるとき）

「**ごちそうさまでした**」（食べ終わった後）

「**では、ごめんください**」（または「**失礼します**」）

ポイント よその家では、「です」「ます」を付けたていねい語で話します。「ごめんください」は帰るときのあいさつ言葉にもなります。帰るときも、別れのあいさつをきちんとしましょう。

3 職場《しょくば》体験学習のひとこま

■失礼《しつれい》な言い方

待ってたよ！
名前は？
名前？
田中。中1……。
……こういう言葉づかいでは、お客様に失礼になるなあ。

■ていねいな言い方

待ってたよ！
名前は？
ごめんください。
田中光と申します。
○○中学校の1年生です。
どうぞよろしく！
これならお店に出せそうだ。

ポイント 最初に「ごめんください」と言って積極的にあいさつをしましょう。

4 クッション言葉を上手に使いましょう。

クッション言葉のいろいろ	
すみませんが	何かを頼《たの》むとき
おそれいりますが	声をかけるとき
失礼ですが	声をかけるとき、質問《しつもん》するとき
お手数《てすう》をおかけしますが	強く頼みたいとき
もしよろしければ	相手の気持ちを尊重《そんちょう》するとき
差《さ》し支《つか》えなければ	相手の意思を尊重するとき
申しわけありませんが	相手の頼みを断《ことわ》るとき
せっかくですが	相手の頼みを断るとき

クッション言葉の働き
強制をしない
間をおく
下手に出る

ポイント クッション言葉の働きは、相手に強制《きょうせい》をしない、間をおく、下手《したて》に出るなどがあります。コミュニケーションをスムーズに運ぶために、上手に使ってみましょう。

豆ちしき 「ごめんください」の成り立ち

「ごめん」は、「許す」意味の「免」に「御」を付けた言葉、「御免」です。「ごめんください」は、許《ゆる》しを求めるときに使う言葉「御免させてください」があいさつに使われるようになった言葉です。「ごめんください」は訪問《ほうもん》したときのあいさつ言葉にも、別れるときのあいさつ言葉にも使われます。

13 お客様をむかえるあいさつ言葉「いらっしゃいませ」

「いらっしゃいませ」は、「いらっしゃる」に「ませ」が付いた「あいさつ言葉」です。「いらっしゃる」は「来る」のそんけい語です。来たのはお客様で、相手が来たことをうやまって表現《ひょうげん》しています。「よくいらっしゃった」「よくいらっしゃいました」と相手を喜んでおむかえするあいさつ言葉として使われます。

ただし、「いらっしゃる」は、「いる」「行く」「来る」の意味がありますので、前後の文章をよく読んでどの意味かを判断《はんだん》します。

1 「いらっしゃい」は「来る」のそんけい語です。

■失礼《しつれい》な言い方

■感じのよい言い方

ポイント 店員さんがていねいな言葉でおむかえすると、お客さんは気持ちよく買い物ができます。
「いらっしゃる」のそんけい語の命令形「いらっしゃい」に、助動詞《じょどうし》「ます」のていねい形の命令形「ませ」を付けて、大切なお客様をむかえるときの言葉になります。

2 「いらっしゃいませ」の後に続く言葉があります。

「どうぞ、お上がりください」

「どうぞ、おかけください」

「どうぞ、お召《め》しあがりください」

ポイント けんじょう語を使って、いろいろなことを許可《きょか》します。

3 歓迎《かんげい》の言葉はさまざまです。

■孫《まご》をむかえるときの言い方

よく来た！

■義父《ぎふ》をむかえるときの言い方

よくいらっしゃいました。

ポイント　その人との関係によって、それぞれの歓迎の気持ちを伝えます。

4 久しぶりに会った人とあいさつを交わすとき

よくいらっしゃいました（来た）。
お父さん、お母さんはお元気でいらっしゃいますか（いる）。
ごぶさたをしております。おかげさまで、両親ともに元気にしております。おじさんによろしくと申しておりました。先日、おじさまのいらっしゃった（行った）ご旅行のお話をぜひ聞かせてください。

ポイント　ひさしぶりに会った人との会話には、敬語《けいご》がよく使われます。
「いらっしゃる」はいろいろな意味で使うことができます。話の流れから、相手の意図を感じて会話をしましょう（60 ページ参照）。

豆ちしき　「ごぶさた」の成り立ち

「さた」は漢字で、「沙汰」と書き、「たより、しらせ」の意味です。「ごぶ」は漢字で御無と書き、無いという意味です。長い間、様子を知らせないで失礼しました、と許《ゆる》しを求める気持ちが込《こ》められています。

14 いろいろな「さようなら」があります。

「さようなら」は、「左様《さよう》ならば」が元《もと》になった「あいさつ言葉」です。お別れのときに使われる言葉ですが、別れにはいろいろな場面があります。明日、学校でまた会うまでの別れ、遠くの学校に転校する友だちとの別れ、亡《な》くなるおじいさんとの永遠の別れなど、どんな別れの場面でもこの短い言葉にそれぞれの気持ちを込《こ》めて使われています。

「さようなら」は中国語では「再見《サイツェン》」と言い、「またお会いしましょう」という気持ちが込められています。

1 相手によって別れのあいさつを使い分けます。

■親《した》しすぎる言い方

■ていねいな言い方

どうもー。おばさん、じゃ、バイバイー！
……どうもねー。じゃ、……バイバイ。
おじゃましました。おばさんの手作りのパイ、とてもおいしかったです。さようなら。
あら、うれしいわ。また、どうぞいらっしゃいね。さようなら。

ポイント 「親しき仲にも礼儀《れいぎ》あり」です。目上の人には「さようなら」とていねいに言います。

2 相手によって、別れの言葉にもいろいろあります。

さようなら	目上の人にも友だちにも使える、別れの言葉。
さらば	「然（さ）らば」。「それでは」という意味です。「では、さようなら」の気持ちを表します。目上の人には使いません。「さらば　友よ」という言い方があります。
バイバイ	英語でさようならを意味する「グッドバイ」（神様があなたのもとにいらっしゃるように）のくだけた言い方です。「じゃあね、また……」の感じで友だちの間で使います。小さな子にも使えます。
ごきげんよう	ご機嫌《きげん》よう。相手の健康《けんこう》を祈《いの》る気持ちを込めて別れるときに使います。人と出会ったときにも使えます。健康でよかったです、の意を込めて使います。
お先に失礼いたします	部活動や委員会を途中《とちゅう》でぬけて帰るときなどに、先生やコーチに言います。

3 「さようなら」にひと言添《そ》えると感じがよくなります。

■さっぱりしすぎる言い方

さようなら！
は、はい、おじゃましました。じゃあ……。

■感じ良い言い方

またいらしてください。お気をつけて。さようなら。
どうもありがとう。うちにもいらしてくださいね。おじゃましました。さようなら。

ポイント 「さようなら」の言葉に「また来てください」の気持ちを添えると感じがよくなります。

4 「さよなら」の前後に添えると気持ちが伝わる言葉

■友だちに……さようなら。明日もよろしくね。

■部活の先ぱいに……明日の試合、勝てるといいですね。応《おう》えんしています。さようなら。

■友だちの家から帰るとき……ごちそうになりました。おいしかったです。さようなら。

■アンケート調査に協力していただいたお店の人に
……今日はお時間を取っていただき、本当にありがとうございました。失礼いたします。さようなら。

豆ちしき 「さようなら」の成り立ち

「左様（さよう）ならば」という言葉は、「それならば」という意味の接続詞《せつぞくし》です。
元《もと》は「それならば、お話はわかりましたので、今日はこれで失礼します」というふうに使われていました。のちに最後の「ば」が省略《しょうりゃく》されて、別れのあいさつ言葉になりました。

15 感謝の言葉を伝える「ありがとうございます」

形容詞《けいようし》の「有《あ》り難《がた》い」にていねい語の「ございます」が付いて、感謝《かんしゃ》の気持ちを伝える言葉になりました。「ありがとうございます」という言葉にはその人の心が表れます。心を込《こ》めて「ありがとう」を伝えれば、必ず相手にあなたの感謝の気持ちが届《とど》きます。

「ありがとうございます」は、言うタイミング、声の大きさ、態度《たいど》が重要です。相手に何かしてもらったときは、すぐに、相手にはっきり聞こえるように、しっかり相手の目を見て伝えましょう。

1 すぐに笑顔で、「ありがとう」を言います。

ポイント 顔の表情《ひょうじょう》と、体全体で感謝の気持ちを込めて言いましょう。

2 「有り難い」にていねい語「ございます」が付きました。

ポイント 「有り難う」は文字通り「あることが難しい」という意味で、「あなたの好意によって存在《そんざい》するとは思っていなかったことが起こりました」という意味です。

16 目下の人の苦労をねぎらう言葉「ごくろうさま」「おつかれさま」

時代劇《げき》で家来《けらい》が何かを耳打ちすると、お殿様《とのさま》が「ごくろう、下がっておれ」などというシーンがよく出てきます。「ごくろうさま」や「おつかれさま」は、そもそもは目上の人が目下の人をねぎらうときに使う言葉です。ねぎらうというのは、苦労に感謝《かんしゃ》するという意味です。

ていねい語の「○○さまです」を付けると、「ごくろうさまです」「おつかれさまです」ととてもていねいな感じの言葉になりますから、今では目上の人に対しても、あいさつ言葉のように使われていますが、使うときには、注意が必要です。

1 目上の人が目下の人に使う言葉です。

■先生に……

ごくろうさまです。
生徒に苦労をなぐさめられるのもなぁ……

■宅配屋さんに……

ごくろうさまでした。

ポイント 「ごくろうさま」の代わりに使える言葉に「ありがとうございました」があります。

2 「おつかれさま」の使い方には注意が必要です。

おつかれさま！
○×小学校

ポイント 子どもがおとなに「おつかれさま」と言うのは変です。「さようなら」と別れます。最近《さいきん》、先ぱいや目上の人にも「おつかれさまでした」「ごくろうさまでした」という言葉を使う人も増《ふ》えてきました。

17 「すみませんと」「ごめんなさい」と「申しわけありません」

「すみません」と「ごめんなさい」と「申しわけありません」は、謝《あやま》るときの代表的な言葉です。だれにも、失敗やあやまちはあります。自分に悪い点があることがわかったら、すぐに相手に心から謝ることが大切です。わざとでなかったり、悪気《わるぎ》はなかったかもしれません。ときには、相手も悪かったかもしれません。自分が謝る必要はないと思うこともあるかもしれません。しかし、自分の非《ひ》をみとめたら率直《そっちょく》に「ごめんなさい」と気持ちを伝えましょう。そのとき、「でも」とか「あなただって」などのいいわけの言葉は使わないようにしましょう。

1 すぐに謝ります。

ガラスを割《わ》って
ごめんなさい。
おくれてごめんなさい。
途中《とちゅう》でパンクして
しまったんだ。

ポイント
謝るときは、言い方と態度《たいど》が重要なポイントです。
◆言い方……いいわけではなく、謝る理由をはっきりと言います。
◆態度………頭をさげて、反省の気持ちを表します。「ごめんなさい」がすぐに言えないことがあるかもしれません。しかし、なるべく早く電話や手紙などで気持ちを伝えましょう。

2 「すみません」のていねいな言い方があります。

どうもすみませんでした。
申しわけありませんでした。

ポイント
仲のよい友だちには「ごめん」とか「ごめん、ごめん」ですむ場合もありますが、「親しき仲にも礼儀《れいぎ》あり」です。どんな相手に対しても、謝るときはていねいに謝ります。

3 「だって」「でも」のいいわけの言葉は使わないようにします。

だってたんすのはしに花びんを置いてあったから、ちょっとぶつかっただけなのに落ちちゃった。
「でも」「だって」はダメでしょう。

ポイント 「だって」は○○○が○○○したから……と、自分の非をみとめない意味として伝わってしまいます。「でも」はわたしは悪くない、といういいわけの意味に伝わってしまいます。

4 おわびの言葉にどう応《こた》えますか。

ごめんなさい。
ペコリ
どういたしましてこちらこそ……。

ポイント 不注意で起きたこと、わざとではないとき、相手が謝ったら受け入れましょう。

豆ちしき 「ごめんなさい」と「申しわけありません」の成り立ち

「ごめんなさい」は、「ご免《めん》なさい」と漢字で書きます。「免」は「まぬがれる」「ゆるす」という意味です。ていねい語の「ご」に、「してください」の意味である「なさい」を付けて「ゆるしてください」と謝る言葉になりました。

「申し訳ありません」の「申す」は、「言う」のけんじょう語です。「言いわけできないほど大変なことしてしまいました（お許しください）」の意味です。目上の人に対して、すまないという気持ちを伝えるけんじょうの言葉です。

18 推せんを「よろしくお願いします！」

「よろしくお願いします」は、次のような場面で使われるあいさつの言葉です。
●相手に何かを頼《たの》むとき
「妹のこと、よろしくお願いします」「先に出ますので、あとはよろしくお願いします」など。
●これからの付き合いがうまくいくことを願うとき
「今日も一日よろしくお願いします」「今後ともよろしくお願いします」など。
よく使う言葉なので、きちんと使えるようにしておきましょう。

1 人に何かをたのむとき、どちらが適切《てきせつ》でしょう？

■お願いが伝わらない言い方

あの……推《すい》せんのことですけど……。
やる気あるのかな？
■お願いが伝わる言い方

前にお願いした、推せんの件《けん》、どうかよろしくお願いします。
意欲的《いよくてき》だ。推せんしてもだいじょうぶそうだ。

ポイント　お願いする内容《ないよう》を言わないと、自分の希望が相手に伝わりません。はっきりと自分の考えを伝え、お願いを受け入れてもらえるように「よろしくお願いします」と言いましょう。

2 依頼《いらい》の言葉にはいくつかの言い方があります。

■「お願いします」のいろいろ
・お願いします。
・よろしくお願いします。
・どうかよろしくお願い申し上げます。
・お願いできないでしょうか？
・お願いしてもよろしいでしょうか？

ぼきん活動にご協力よろしくお願いします。

ポイント　「お願いします」の前に、「よろしく」「どうかよろしく」などの言葉を付けることがよくあります。
また、「か？」を付けて疑問《ぎもん》の形にすると、よりていねいな感じをあたえると言われています。

3 相手が聞き入れてくれたときは、「ありがとうございます」と言います。

わかった。
推せんしておくよ。
ありがとうございます。
よろしくお願いいたします。
応《おう》えんしているからね。

ポイント まず「ありがとうございます」と言って感謝《かんしゃ》の気持ちを伝えましょう。

4 断《ことわ》るときは、「いいえ」をはっきりと伝えます。

■はっきりしない断り方

日曜日に練習試合をしませんか？
やりたいんですけど……でも……。

■はっきりした断り方

日曜日に練習試合をしませんか？
残念ですが、その日はグランドが使えません。

ポイント 「はい」「いいえ」をはっきり言うことが大切です。ただし断る場合は、「やだ」「いやです」「お断りします」だけでは相手がいやな気持ちになることがあります。断る理由を伝えましょう。

豆ちしき おとなが使う返事の言葉

■相手の願いを聞き入れるとき
「わかりました」「かしこまりました」「承知《しょうち》いたしました」
■相手の願いを聞き入れないとき
「あいにくですが」「折りあしく」「申しわけありませんが」
断りのていねい語は、適切《てきせつ》に使うとよいのですが、使いすぎると悪い印象をあたえることがあります。

19 相手に名前をたずねるときの言葉「どなたですか？」

初対面の人や電話やインターホンでの顔の見えない相手がだれかをたずねるとき、「だれ？」と聞くのは、ぶっきらぼうで、失礼です。

相手の名前をたずねるときの言い方を考えましょう。相手のことがわからないと、その後の会話が続きませんし、その人についての正確《せいかく》な報告もできません。初めて会った人には「どなたですか？」とたずねて、あなたも必要な自己紹介《じこしょうかい》をします。

1 どちらの聞き方が感じよいでしょう？

■失礼《しつれい》な言い方

だれ？　なに？
……佐藤。
３時に約束《やくそく》してるんだけど。

ポイント　相手の言葉づかいにつられて、相手まで乱暴《らんぼう》な言葉づかいになっています。

■感じのよい言い方

はい。
どなたさまでしょうか？
３時にお約束《やくそく》している佐藤です。

ポイント　言葉づかいの中に歓迎《かんげい》されているふん囲気があります。

2 「だれ？」と相手にたずねるときのいろいろな言い方

表現の例

だれ？　どなた？　どなたですか？
どちらさま？　お名前は？　お名前をどうぞ。

だれですか？　どちらさまでしょうか？
お名前をおっしゃってください。
お名前を教えていただけますか？
お名前を教えていただけませんでしょうか？

ポイント　文末《ぶんまつ》を省略《しょうりゃく》した形と省略していない形とを比《くら》べると、省略していない形のほうがていねいな感じがします。

3 自分や家族の言うときは、けんじょう語を使います。

お母さんはいません。

×

お母さんの「お」は尊称《そんしょう》、「お母さん」はそんけい語です。「ママ」という言い方もしません。

母は
いらっしゃいません。

×

「いらっしゃる」はそんけい語です。よその人に話すときには、自分の母親へのそんけい語は使えません。

母はおりません。

○

よその人にお母さんのことを言うときは、「お母さん」でなく、「母」と言い、けんじょう語を使います。

4 人の前では家族のよび方も変えます。

相手の家族のよび方	自分の家族のよび方
おじいさん・おじい様	祖父《そふ》
おばあさん・おばあ様	祖母《そぼ》
お父さん・お父様	父
お母さん・お母様	母
ご両親様	両親
おじさん・おじ様	おじ
おばさん・おば様	おば
お子様（方）	子ども（たち）
お兄様	兄
弟さん	弟
令息《れいそく》・子息《しそく》	息子・せがれ
お姉さん・お姉様	姉
妹さん	妹
お嬢《じょう》さん・お嬢様	娘

■表の見方

相手の家族のよび方
自分の家族のよび方

豆ちしき 人のよび方

■自分のこと

いつものよび方……ぼく、おれ、あたし、うち

改まった場所でのよび方……わたし、わたくし

■「さん」と「様」

名前を知っている年上の人には「○○さん」という言い方がいいでしょう。「○○様《さま》」だと改まった感じがします。

20 感想を聞いてみましょう。「いかがでしたか？」

「いかが」は、漢字では「如何」と書きますが、相手の様子や感想、意見を聞くときの表現《ひょうげん》としてよく使われます。「どうだった？」「どうでしたか？」をよりていねいにした言い方です。「ごきげんいかが」は「あいさつ語」として使われます。

「いかが」にていねい語の「です」を付けて質問《しつもん》するときは、「か」を付けます。目上の人の体や心の状態《じょうたい》、感想や意見を聞いてみましょう。相手への思いやりの気持ちが表れます。

1 相手の様子を聞くときに使います。

ごきげんいかが？

ポイント あいさつ言葉にもなります。

お加減《かげん》はいかがですか？

ポイント 病気の様子などを聞きます。

進み具合《ぐあい》はいかがですか？

ポイント 状況《じょうきょう》や状態を聞きます。

2 相手の感想を聞くときに使います。

■くだけた言い方

今回の発表は、
どうだった？
とても良かったわよ！

■ていねいな言い方

王様、演奏《えんそう》会は、
いかがでしたか？
とても満足した。

ポイント 目上の人に感想を聞きたいときは、もっとていねいに「どうでしたか」を、「いかがでしたか」に変えます。

3 相手に物をすすめるときにも使います。

ご飯《はん》のおかわりは
いかがですか？
ありがとうございます。
いただきます！

こちらのセーターは、
いかがですか？
かわいいですね！

4 「いかが？」だけだと、敬意《けいい》が表れません。

■くだけた言い方

なんだか、
慣《な》れ慣《な》れしいな……。
コーヒーは、
いかが？

■ていねいな言い方

ありがとう。もう一杯《いっぱい》
おかわりをください。
コーヒーは、
いかがですか？

ポイント ていねい語の「です」と質問の「か」を付けるとよりていねいな言い方になります。

練習問題

お寿司屋《すしや》さんで「わさびはいかがですか？」と聞かれました。三つの意味で答えてみましょう。

①様子を答える……わたしは ＿＿＿＿＿＿。
②感想を答える…… ＿＿＿＿＿＿ です。
③すすめを断《ことわ》る…… ＿＿＿＿＿＿。

【答えの例】
①わたしはわさびは食べられます。
　わたしはわさびは食べられません。
②よく効《き》いていておいしいです。
③いりません。わさび抜《ぬ》きでにぎってください。

21 初めて会う目上の人には「はじめてお目にかかります」

「はじめてお会いする」「はじめてお会いします」という言い方よりももっと、そんけいの度合《どあ》いの高い言葉づかいが、「はじめてお目にかかります」です。

「お目にかかる」の「お目」は相手の目をうやまった表現《ひょうげん》で、その目に自分の姿《すがた》が「かかる」（とどく、見てもらう）というけんじょう語です。

「はじめてお目にかかります」は、とても改まったあいさつ言葉です。このあいさつ言葉の後にどんな言葉が続くか考えてみましょう。

1 「お目にかかる」は「会う」のけんじょう語です。

■ふつうの言い方

はじめまして。

ポイント あとに「どうぞよろしくお願いします」と続けると、さらに相手によい印象《いんしょう》をあたえます。

■かしこまった言い方

はじめてお目にかかります。

ポイント 「お目にかかれて光栄《こうえい》です」と続けると、とてもていねいなそんけいの気持ちを表します。

2 「どうも」だけでは会話が続きません。

■まちがった言い方

どうも……。
あ、どうも……。

■正しい言い方

はじめまして、石井です。
山田です。どうぞ、よろしく。

ポイント 「どうも」はとても便利な言葉ですが、初めて会った人にはきちんと名前を言いましょう。

22 自己紹介で使う「○○と申します」

自己紹介《じこしょうかい》をするとき、「○○と申します」という言い方をすることがあります。「申す」は「言う」のけんじょう語です。ふつうの言い方「○○だ」、ていねい語の「です」を付けた「○○です」よりももっとていねいな感じがします。

初めて会った人には、「やあ」「どうも」「こんにちは」「はじめまして」など、さまざまな言葉のあとに、名前を名乗ります。明るく、さわやかに、あいさつをしましょう。とくに改まった場所や、初めて出会う目上の人には相手をうやまう言い方を使って、ていねいにあいさつをします。

1 けんじょう語「申します」を使った自己紹介

■ふつうの言い方

はじめまして
鈴木です。よろしく！

■かしこまった言い方

はじめてお目にかかります。鈴木と申します。どうぞよろしくお願いいたします。

ポイント 改まった席や目上の人には、かしこまった言い方をするとおとなっぽく見えます。

2 家族の紹介もけんじょう語を使います。

わたしは、鈴木太郎と申します。
これはわたしの妻《つま》の花子と申します。
これは長女の桃子《ももこ》と申します。
これは長男の一郎《いちろう》と申します。

ポイント 家族を紹介するときにも、けんじょう語を使います。

23 「さしあげる」のはだれでしょう？

「さしあげる」は、「やる」「する」のけんじょう語です。相手に物を「やる」、相手のために何かを「する」という自分の行動を表します。このとき、相手は自分より年上であったり、社会的な地位が高い人です。

ふつうの言い方では、「本をやる」「食事をやる」「書いてやる」「解決《かいけつ》してやる」などとなります。「やる」という言葉は、乱暴《らんぼう》な感じがするので、敬語《けいご》を使用する必要のない相手に対しても、「○○○をあげる」、「○○○してあげる」という言葉が使われるようになってきています。

1 電話を「さしあげた」

■相手《あいて》に用件《ようけん》が伝わらない言い方

この間、電話したんですが……
この間？

■相手に用件が伝わる言い方

きのう、お電話を差しあげた山本です。
ああ、山本さんのお嬢《じょう》さんね。

ポイント
電話では相手が見えません。名前などの情報《じょうほう》をていねいに伝えます。
「電話をさしあげた」と自分の行動をへりくだって、けんじょう語を使います。

2 「さしあげる」の使い方を覚えましょう。

■ふつうの言い方
あたえる……おかしをあげる
してやる……絵を描《か》いてあげる

■さしあげるを使った言い方
あたえる……お花をさしあげる
してやる……本を読んでさしあげる

3 こんな使い方をしていませんか？

■まちがった言い方

そんなにお好きなら
さしあげましょうか。
うん。もらいます。

■正しい言い方

そんなにお好きなら
さしあげましょうか。
ありがとうございます。
いただきます。

ポイント 「もらう」のけんじょう語は「いただく」です。
おばあさんの言葉は「あげましょうか」でよいのですが、「あげる」のそんけい語「差しあげる」を使って「さしあげましょうか」と女の子に対しててていねいに語りかけています。おばあさんのやさしさが伝わります。

4 「やる」は乱暴な感じがする？

■エサをやる

ハイ！

■エサをあげる

どうぞ

ポイント 「やる」という言葉に乱暴な印象《いんしょう》があるためか、「犬にえさをあげる」「花に水をあげる」という言い方をよくしますが、犬や花はあなたより目上ではありません。
しかし、文法的（言葉の決まり）には、正しいとされています。

豆ちしき 「やる」と「あげる」

「やる」という言葉は、いかにも乱暴な感じがします。そこで、犬や花などに対して、「犬にえさをあげる」「花に水をあげる」といったていねいな表現《ひょうげん》が使われるようになり、今ではどちらの言い方も認《みと》められています。時代とともに言葉を使う人の生活が変わり、言葉の使い方が変わることがあるからです。

24 わたしが「いたします」

「いたす」は「する」のけんじょう語です。自分が行う行動につけて相手に対して敬意《けいい》を表します。ていねい語の「ます」をつけて「○○いたします」という言い方がよく使われます。

「する」「します」「いたします」の順にていねいな表現《ひょうげん》になります。「その仕事はわたしがする」がふつうの言い方ですが、「その仕事はわたしがします（いたします）」は、自分がすることに相手にへりくだって表現します。

1 「する」と「します」と「いたします」のちがい

これから、発表する。
いばっているように聞こえます。
これから、発表します。
ていねいですね。
これから、発表いたします。
もっとていねいですね。

ポイント ていねい語の「ます」を付けて「いたします」を使うことで、よりていねいに聞こえます。

2 「する」のはだれでしょう？

精一杯《せいいっぱい》の努力をします。　→　精一杯の努力をいたします。

休みの日には、スポーツをする。　→　休みの日には、スポーツをいたします。

手伝いをする。　→　お手伝いいたします。

する

ポイント 「努力をする」のも「スポーツをする」のも話している人です。

3 ○○いたします。

故障《こしょう》の原因《げんいん》を、
お調べいたします。

この部屋《へや》に入ることを、
許可《きょか》いたします。
TAKASHI

ポイント 「いたす」は、動作を表す言葉に付けることができます。
「参上《さんじょう》いたします」のように、けんじょう語＋「いたす」の形で使うこともあります。

4 よく使われる「いたす」

■「お○○する」の言い方

もっと、ていねいな
言い方があるんだが。
王様、
食堂でお待ちしています。

■「いたす」を使った言い方

とても
ていねいな言い方だ。
王様、食堂でお待ち
いたしております。

ポイント 「お○○いたす」や「ご○○いたす」は、日常よく使われる便利《べんり》な表現です。

25 すみません。ちょっと「おうかがいします」

「うかがう」は、漢字で「伺う」と書きますが、「訪問《ほうもん》する」「たずねる」「聞く」という意味があるけんじょう語です。うかがうのは自分で、相手は目上の人です。

「訪問する」という意味では「朝10時におうかがいます」というように、目上の人の所に行くことを知らせるときに使います。

また、「たずねる」「聞く」という意味では「少々、おうかがいいたしますが……」のように、人に質問するときにも使います。

1 訪問したいとき

■失礼《しつれい》な言い方

明日の朝10時に
持ってくるよ。
もっとていねいに
言いなさい！

■ていねいな言い方

明日の朝10時に
持ってうかがいます。
わかりました。
待っています。

ポイント 「うかがう」にていねい語の「ます」を付けて、ていねいな言い方になっています。

2 道をたずねたいとき

■くだけた言い方

道を聞きたいんだけど……。

ポイント もっとていねいに聞いてみましょう。

■ていねいな言い方

道をおうかがいしますが……。

ポイント 「うかがう」にていねい語の「お」と「ます」を付けて、よりていねいな言い方になっています。

3 事前に話の内容《ないよう》を聞いているとき

■聞きました

明日のＡ社との打ち合わせは聞いていますか？
さっき、聞きました。
……約束を守れるかな？

■うかがいました

明日のＡ社との打ち合わせは聞いていますか？
はい、うかがっております。午後３時でしたね。
……約束を守れそうだ。

ポイント　おとな同士《どうし》の会話では、目上の人にていねい語だけで受け答えをすると、相手を不安にさせることがあります。よりていねいな受け答えが、会話の相手に安心感を与えます。

4 「クッション言葉」を使うとよりていねいになります。

■クッション言葉を使わない言い方

道をうかがいたいのですが……。

■クッション言葉を使った言い方

すみません。
道をうかがいたいのですが……。

ポイント　「クッション言葉」の「すみません」を頭に付けると、よりていねいに聞こえます（29ページ参照）。

26 学校案内を「拝見しました」

「拝見《はいけん》」は、「見る」のけんじょう語です。何かを「見る」という自分の行動をへりくだって言うときに使います。「御社《おんしゃ》の書類を拝見《はいけん》する」「宝物《たからもの》を拝見する」「王様の脈を拝見する」というように、改《あらた》まったときに使う言葉ですので、ふだんはあまり使わないかもしれません。

「拝見」にていねい語の「します」「いたします」の接尾語《せつびご》を付けるとよりていねいな言い方になります。面接《めんせつ》試験など改まった場所できちんと使うと、相手の印象《いんしょう》がとてもよくなります。

1 学校案内を「拝見」しました。

■気持ちが伝わりにくい言い方

どうしてこの高校を希望したのですか？
この学校のパンフレットを見たとき、いい感じだったので……。

■気持ちが伝わる言い方

どうしてこの高校を希望したのですか？
はい。貴校《きこう》のパンフレットを拝見して、自分に合う校風だと思ったからです。

ポイント 入学試験の面接《めんせつ》では、面接官やその学校に敬意《けいい》を表すため、「見た」を「拝見した」というけんじょう語でおきかえます。学校案内を見たあなたの感想を付け加えると入学したいという気持ちがもっと伝わります。
「貴校」というのは、学校を貴《たっと》ぶ（うやまう）ときに使う敬語です。

2 形の「あるもの」も「ないもの」も「拝見」できます。

形のあるもの	形のないもの
お手紙を拝見する。	お手並《てな》みを拝見する。
お家を拝見する。	内容《ないよう》を拝見する。
ホームページを拝見する。	お仕事ぶりを拝見する。
お顔を拝見する。	けがの状態《じょうたい》を拝見する。

ポイント 付ける言葉によって、へりくだり方の程度《ていど》がかわります。

3 「拝見」のまちがった使い方

先生、私の作文を
拝見してください。

母から預《あず》かった
手紙を拝見して
くれましたか？

ポイント 「拝見する」は自分がする行動に付ける言葉です。「見る」のていねいな表現である「見てください」、あるいは「見る」のそんけい語「ご覧《らん》ください」と言います。

ポイント 手紙を見るのは先生なので、「拝見する」を使うと自分の母を敬《うやま》うように押《お》し付けている感じがします。先生から預かった手紙を母が「拝見する」は正しい表現です。

4 拝見＋させて＋いただきます

特急券《とっきゅうけん》を拝見させて
いただきます

ポイント 「拝見いたします」「拝見させてください」が正しい表現です。車しょうさんが「拝見させていただきます」と言ったのが、ていねいすぎる感じがするのは、「拝見」というけんじょう語に、さらに、「させる」と「いだたく」の二つのけんじょう語が使われた「二重敬語」になっているからです（63ページ参照）。

豆ちしき 「拝」の成り立ち

「拝」は訓《くん》読みでは、「おが」むと読みます。体を折りまげて礼をすることを表します。動きを表す漢字に、「拝」の字を付けるけんじょう語になります。

拝啓《はいけい》……手紙で使います。「啓」には「申し上げる」という意味があります。
拝聴《はいちょう》する……目上の人の話を聞くこと。
拝読《はいどく》する……目上の人の手紙、原稿《げんこう》、本などを読むこと。
拝察《はいさつ》する……自分が見て、思ったり、考えたりすること。「察」には、「注意深く見る」という意味があります。
拝命《はいめい》する……社長などから役職《やくしょく》や仕事を命じられること。

27 電車が「まいります」

「まいる」は「行く」「来る」のけんじょう語です。漢字では「参る」と書きます。身分の高い人の前に行くことを「参上《さんじょう》する」「参堂《さんどう》する」とも言い、お寺や神社などの尊《とうと》い場所に行くことは「参拝《さんぱい》」「参詣《さんけい》」と言って、「参」の漢字を使います。けんじょう語の中でもとくに聞き手に対して気づかいを表す言葉です。

「まいる」を単独《たんどく》で使うことは少なく、「ます」とあわせて「まいります」の形で使います。

1 わたしが「まいります」。

わたしがドラゴンの退治《たいじ》にまいります。
おう、頼《たの》むぞ。

ポイント 「まいる」のは騎士《きし》です。王様にけんじょう語で告《つ》げています。

2 「まいる」のはだれでしょう？

■ていねい語だけを使った言い方

診察《しんさつ》の結果を説明します。どなたかご家族といっしょですか？
はい、母がすぐに来ます。

ポイント 「来る」にていねい語の「ます」を付けて、ていねいな言い方をしていますが、お医者さんに対する敬意《けいい》はあまり高くはありません。

■「まいる」を使った言い方

診察の結果を説明します。どなたかご家族といっしょですか？
はい、母がすぐにまいります。

ポイント 自分の母の行動にけんじょう語の「まいる」とていねい語の「ます」を合わせて使うことで、お医者さんに対して高い敬意を表しています。「まいる」は「丁重語《ていちょうご》」とも言われます。

3　病院に行くのはだれでしょう？

お大事にしなさい。
王様、私は明日、病院へまいります。
ゴホ
ゴホ
ゴホッ

ポイント　病院に行くのは執事《しつじ》ですが、敬意は話を聞いている王様（聞き手）に対して表されています。「まいります」というけんじょう語で表現《ひょうげん》します。

4　だれが話しているのでしょう？

×「健康診断《けんこうしんだん》の日は、お医者さんが学校にまいりました」

○「健康診断の日は、お医者さんが学校にお越しになりました」

ポイント　「まいる」は、けんじょう語なので、敬意を表す相手の行動に付けることはできません。「いらっしゃる」「お越しになる」というそんけい語を使います。

5　持ってくるのはだれでしょう？

では、そのくつのちがう色を見せてください！
はい、すぐに持ってまいります。

ポイント　くつを持ってくるのは店員自身です。
自分の行動にけんじょう語を使うことで客に対する気づかいを表しています。

6 電車も夏も「まいります」

■電車がまいる

一番線に電車が
まいります

■夏がまいる

季節はだんだんと
夏らしくなって
まいりました

ポイント 「まいります」は、主語が人でなくても使うことができます。

7 「まいる」にはいくつかの意味があります。

	ふつうの言い方	けんじょうの言い方
行く	わたしがそこに行く。	わたしがそこに参ります。
来る	母がここに来る。	母がここに参ります。
取って来る	薬を取って来る。	薬を取って参ります。

ポイント 「まいる」には、「降参《こうさん》する」「負ける」「死んだ」「閉口《へいこう》する」などの意味もあります。

8 「まいる」は丁重語《ていちょうご》です。

■自分と母

■会社と社員

■駅員と電車

ポイント けんじょう語は、自分の行動に付けますが、聞き手への敬意《けいい》を表すために身内の行動や人以外の事物に使うこともあります。この性質《せいしつ》を持つ言葉を「丁重語」といいます。丁重語には、「まいる」「いたす」「申す」「おる」などがあります。けんじょう語は動作をしている人の行動に使って動作の受け手への気づかい（敬意）を表しますが、丁重語は動作をしている人の主の行動に使って、聞き手への気づかい（敬意）を表します。

9 「いたす」も「丁重語」です。

×「お医者さんが健康診断《しんだん》をいたします」

○「お医者さんが健康診断をなさいます」

ポイント 「いたす」は「する」のけんじょう語で、「まいる」と同じけんじょう語なので、敬意を表す相手の行動に付けることはできません。「まいります」「いたします」はとてもていねいな感じがしますから、うっかりそんけい語と同じように、相手の行動に付けてしまうことがあります。幅広《はばひろ》く使える「です」「ます」とはとは異《こと》なるところですので、注意が必要です。

練習問題

王様が町に行くことを執事《しつじ》が町の人びとに報告するときは、どのように言ったらよいでしょう？

わたしは明日、
町へまいるぞ。
承知《しょうち》いたしました。
王様の スケジュール

【答えの例】
「明日、王様が、町にお越《こ》しになります」「明日、王様が、町においでになります」
×「明日、王様は、町にまいられます」

28 長老は、むかしの話を「なさる」

「なさる」は「する」のそんけい語です。目上の人がする行動に付けて相手がすることを敬《うやま》います。

「○○をする」という言い方は、ふだんの会話でもたくさん使いますので、ちょっと改まった場面で「なさる」という表現《ひょうげん》が使えるといいですね。

ただし、相手を敬うために使う言葉ですから、自分のやっていることには使いません。「ぼくは夜、宿題をする」を「ぼくは夜、宿題をなさいます」とは言いません。

1 なにをなさっているのですか？

■くだけた言い方

こんにちは。
なにしているの？
木の手入れだよ。

■ていねいな言い方

こんにちは。
なにをなさっている
のですか？
木の手入れだよ。

ポイント 相手との関係によっていろいろな言い方があります。

2 「なさる」の使い方を覚えましょう。

ふつうの言い方	「なさる」を使った言い方
心配する。	心配なさる。
料理をする。	料理をなさる。
出かける。	お出かけなさいます。
話をする。	話をなさる。

心配
なさる
心配する

ポイント 「なさる」の否定を表すときは「なさらない」と言います。
「なさるな」で禁止を表します。ふだん使うときは「心配しなさんな」というふうに使います。

3 「なさる」のまちがった使い方

×わたしは、この店をよく利用なさっているのよ。
オホホホ ホホホ

×わたしは家族でハワイに旅行なさいました。

ポイント 自分の行動に「なさる」を付けると、じまんに聞こえます。そんけい語は、自分の行動には付けません。

4 「お○○なさる」「ご○○なさる」の使い方

長老は、よく昔のことをお話しなさる。

これから海外旅行にご出発なさるのですか？

どの部屋《へや》をご利用なさいますか？
最初の30分 ¥200
延長15分毎 ¥100
3時間パック ¥1000

ポイント 「お」と「ご」のどちらかが付く言葉と付かない言葉があります。

豆ちしき 「お（ご）○○になる」を「なさる」に言いかえる。

「お（ご）○○になる」の言い方がなじまない場合に、「なさる」を使うことがあります。

【例】

× ご失敗になる → ○ 失敗なさる

× お運転になる → ○ 運転なさる

29 王様が「いらっしゃる」

「いらっしゃる」は、「いる」「行く」「来る」のそんけい語です。
「王様は部屋《へや》にいらっしゃる」「健康でいらっしゃる」（いる）「王様が旅にいらっしゃる」（行く）「王様がここにいらっしゃる」（来る）のようないろいろな意味で使われます。目上の人に対するそんけいや心づかいを表す言葉として、生活でよく使う言葉です。
そんけい語ですから、自分がする行動を表すときには使いません。

1 「いらっしゃる」は相手に対するそんけいや心づかいを伝える言葉です。

■失礼《しつれい》な言い方

先生いる？
……

ポイント 用事を最後まで言います。

■ていねいな言い方

木村先生はいらっしゃいますか？
ここにいますよ。

ポイント 「いますか？」よりていねいな言い方です。

2 「いらっしゃる」にはいろいろな意味があります。

■いる

■行く

■来る

ポイント 「いらっしゃる」には「いる」「行く」「来る」という意味があります。

3 「いらっしゃる」のまちがった使い方

×私が赤ちゃんで
いらっしゃったとき

×わたしが散歩に
いらっしゃったとき

ポイント どちらも自分で自分のことをうやまっていておかしいです。自分の行動には「いらっしゃる」を付けません。

4 「いらっしゃる」に他の言葉を付け足すと、文の意味がはっきりします。

いつ	🔑	意味
いつまで、京都にいらっしゃるのですか？	に	京都にいる
いつ、北海道へいらっしゃるのですか？	へ	北海道へ行く
いつ、東京からいらっしゃったのですか？	から	東京から来た

いつ
どこ
いらっしゃる

どこ	🔑	意味
どこに、いらっしゃるのですか？	に	いる
どこへ、いらっしゃるのですか？	へ	行く
どこから、いらっしゃったのですか？	から	来た

豆ちしき 家族にも敬語《けいご》を使います。

今では家族同士で敬語（ていねいな言葉）を使うことは少なくなりました。

それでも「いってきます」「いってらっしゃい」「いただきます」「召《め》しあがれ」などの敬語が、今も家族の間でも使われています。

30 先生が「おっしゃる」

「おっしゃる」は、「言う」「話す」のそんけい語です。「王様が○○とおっしゃいました」などと、目上の人が言ったことを伝えるときに使います。

赤ちゃんが「言う」、弟が「言う」、先生が「おっしゃる」など、「○○が言う」という機会がたくさんあります。王様や先生は、自分よりも目上の人なので、「おっしゃる」を使わないと、失礼になります。自分と相手との関係を考えて、「言う」と「おっしゃる」を正しく使い分けましょう。

1 先生が「言いました」。

■言いました

花田先生が、『折り紙を取ってきて』と言いました。
おりがみ

ポイント ていねい語の「ました」を使って、お願いする相手には敬意《けいい》を示《しめ》していますが、花田先生に敬意を示していることになりません。

■おっしゃいました

花田先生が、『折り紙を取ってきて』とおっしゃいました。
はい、どうぞ。
おりがみ

ポイント 「ました」でお願いの相手、「おっしゃった」で花田先生に対する敬意が伝わります。

2 「おっしゃる」は、「言う」「話す」のそんけい語です。

校長先生が、
運動会のことを
おっしゃいました。
校長先生のお名前は、
なんとおっしゃいますか？
校長先生が、
『すばらしい絵だ』と
おっしゃっていました。
校長先生の
おっしゃる通りです。

ポイント 「おっしゃる」はすべて校長先生の行動（話したこと）に使われています。そんけい語は、相手の行動や物に付けて敬意を表す言葉です。

3 「おっしゃられました」は好ましくない使い方です。

先生が、これを届《とど》けるようにと、おっしゃられました。
ていねいに言っているようだけど……。

ポイント　そんけい語「おっしゃる」に、敬意を表す「○○られる」を付けています。敬語《けいご》表現《ひょうげん》が二重に使われているので、これは敬語の使い方としてはあまり好ましくない形とされています。「おっしゃいました」「言われました」と使います。

4 ひとつの文の中で、同じ種類の敬語を二つ以上付けてしまうことを「二重敬語」と言います。

二重敬語の例

・**お客様が、お見えになられる。→○お客様が、お見えになる。**
……そんけい語「お見えになる」と「○○られる」が二重に使われています。

・**お祝いを、さしあげさせていただく。→○お祝いを、さしあげる。**
……けんじょう語「さしあげる」と「○○させていただく」が二重に使われています。

お見えになる
○○られる
さしあげる
○○させていただく

ポイント　敬語をたくさん使いすぎると、かえって相手に不ゆかいな感じをあたえます。

豆ちしき　二重敬語に注意しましょう。

「お見えになる」は「来る」のそんけい語です。これだけで十分そんけいの表現になっています。そのうえに「れる・られる」のそんけい語を二重に付けるのは、敬語の使い方としてはあやまりです。

■好ましくない言葉づかい
「田中先生がお見えになられました」

■正しい言葉づかい
「田中先生がお見えになりました」

ぺこ
ぺこ

31 どうぞ、「召しあがれ」

「召《め》す」には、「食べる」「飲む」「着る」「よびつける」などの意味があり、相手の行動に付けてうやまうそんけい語です。「王様が食事を召しあがる」「お酒を召しあがる」「背広《せびろ》をお召しになる」「王様が騎士《きし》をお城にお召しになった」というように使います。

少し改《あらた》まったそんけい語ですから、ふだんはあまり使われません。うっかり自分に「召しあがる」を使ってしまうと、とてもはずかしいことになります。

1 ケーキを「召しあがれ」。

おすすめのケーキがあります。ぜひお召しあがりください。
はい、いただきます。

ポイント 食べ物を相手にすすめるときに「召す」を使います。「いただく」は、「食べる」「もらう」などの意味のけんじょう語で、自分の行動に付けると、よりていねいな言い方ができます。

2 わたしは、「召しあがり」ません。

■まちがった言い方

こちらでお召しあがりですか？
はい、こちらで召しあがります。
Menu

ポイント 自分の行動に、そんけい語「召す」を使ってうやまうのはおかしいです。

■正しい言い方

こちらでお召しあがりですか？
はい、お店でいただきます。
Menu

ポイント 自分の行動にはけんじょう語を使います。「食べる」のけんじょう語は「いただく」です。

3 「いただく」と「召しあがる」のちがい

だれが	どうする	言い方
わたしが	食べる。	ふつうの言い方
わたしが	いただく。	けんじょうの言い方
王様が	召しあがる。	そんけいの言い方

ポイント だれがすることかを考えましょう。自分がすることはけんじょう語で表し、相手がすることはうやまいます。

4 「先生はいただきますか？」はまちがいです。

■まちがった言い方

先生は
どれをいただきますか？
「いただきますか？」
はおかしいなあ。

ポイント 「いただく」はけんじょう語です。先生の行動にけんじょう語を使うのは、まちがいです。

■正しい言い方

先生はどれを召しあがりますか？
わたしはこのケーキをいただきます。

ポイント 相手の行動にはそんけい語（召しあがる）、自分がすることにはけんじょう語（いただく）を使います。

豆ちしき 「召す」を使った言葉

「召す」という言葉には、「食べる／飲む」「着る」「よびつける」「(電車に）乗る」などの意味があります。
それぞれの意味ごとに「召す」を使った名詞《めいし》があります。

【例】
・食べる／飲む …………………… お召し上がり物
・着る ……………………………… お召し物
・よびつける ……………………… 召し抱《かか》え（やとうこと)、召し捕《と》り（つかまえること)、召使い（お手伝い）
・(電車に）乗る …………… お召し電車（天皇《てんのう》家が使う電車）

32 王様、ご賞味「ください」

「ください」は、相手にものを頼《たの》んだり、すすめたりするときに「○○ください」と使います。この本の中にもたくさん使われています。頼んでいるのはあなたですが、○○するのは相手ですから、相手の行動に付けることによって相手がすることに敬意《けいい》を表します。

68ページでも紹介《しょうかい》していますが、もともとは「くださる」というそんけいを表す言葉の命令形「くだされ」が変化して「ください」になったものがあります。

1 「○○ください」と言っているのはあなたですが、○○するのは相手です。

王様、夕食のオムレツをご賞味《しょうみ》ください。
どれどれ、食べてみようか。

ふつうの言い方	ていねいな言い方
見てください	ごらんください
座《すわ》ってください	お座りください
食べてください	お食べください

ポイント 「○○する」という行動を表す言葉に「お○○ください」を付けると、よりていねいな言い方になります。

2 自分のほしいものを要求するとき

■返事がほしい

お返事をください。

■時間がほしい

少し時間をください。
う〜〜ん

3 よりていねいに「○○してほしい」と言うとき

■言ってほしい

どうぞ、
おっしゃって
ください。
う〜む…

■入ってきてほしい

お入り
ください。

■乗ってほしい

お乗り
ください。

4 もっとていねいに言いたいとき

パーティーに
来てほしい

■友だちに……
パーティに来てくださいませんか。

■友だちのご家族に……
パーティにお越しくださいませんか。

ポイント 相手の意向《いこう》を聞くように「〜くださいませんか」と言うと、よりていねいな言い方になります。

豆ちしき 「ください」は命令形

「ください」を使えば、ていねいな言葉で人にお願いをすることができます。

「ください」というのは、もともと「くれる」「与《あた》える」のそんけい語である「くださる」の命令形です。命令形はそんけい語にしないで使うと「○○○してくれ」のように、指示する人と指示される人に上と下の関係ができてしまいます。そんけい語である「ください」という言葉を使えば、指示する人のそんけいの気持ちが込《こ》もったていねいな言い方ができます。

33 校長先生が協力「してくださる」

「してくださる」は、「してくれる」のそんけい語で、相手があなたに対してなにか価値《かち》のあることしてくれたことに対する気づかいや、相手がしてくれたことに対して、感謝《かんしゃ》の気持ちを込《こ》めた言い方です。

相手がしてくれたことに対する感謝の言葉を添《そ》えるとよりあなたの気持ちが伝わります。「してくださる」という言葉を使いこなせると、より豊《ゆた》かな会話ができるようになります。

1 相手がしてくれたことに感謝を表す言い方です。

■気持ちが伝わらない言い方

本日は、協力してくれてありがとうございました。
なにかえらそうに聞こえるよ……。

■気持ちが伝わる言い方

本日は、ご協力くださりありがとうございました。
いえいえ、どういたしまして。
ていねいなお礼だね。

ポイント　相手がしてくれたことについて感謝の気持ちを表すときは、「くださる」を使います。

2 「お」「ご」を付けてよりていねいに言います。

先ぱいが、校長先生をご案内してくださったと聞きました。

ふつうの言い方	ていねいな言い方
協力してくれる	ご協力くださる
話してくれる	お話しくださる
書いてくれる	お書きくださる
乗ってくれる	お乗りくださる

ポイント　「先ぱいが校長先生をご案内してくださったと聞きました」は二重敬語《けいご》ではありません。
なぜなら、「校長先生をご案内する」という校長先生への敬意と、「先ぱいがご案内くださる」という先ぱいへ敬意を表しているからです。ひとつの文のなかで、二人の人物に同時に敬意を表している、複雑《ふくざつ》な表現《ひょうげん》です。

3 「してくれる」のはだれ、「してもらう」のはだれかを考えます。

校長先生がご協力いただいたおかげでかべ新聞が完成しました。
校長先生がご協力くださったおかげでかべ新聞が完成しました。
校長先生にご協力いただいたおかげでかべ新聞が完成しました。

ポイント　「○○してくれる」「○○してもらう」の形に直して考えてみるとまちがいがわかります。また、「が」と「に」を正しく使うことで敬意を表す対象《たいしょう》を変えずに二つの表現ができます。

4 校長先生にすいせん状《じょう》をお書き「いただく」。

すいせん状

■いただく
校長先生にすいせん状をお書きいただく。

■くださる
校長先生がすいせん状を書いてくださる。

ポイント　あなたが校長先生から「してもらう」ときのけんじょうの表現で、校長先生の行動への敬意を表しています。「してくださる」と「していただく」は、だれの行動を説明するかによって使う敬語がちがってくるのです。

豆ちしき　「いただく」の成り立ち

「いただく（戴く）」は、「頭にのせる」という意味です。身分の高い人から物をもらうとき、頭の上に高く持ち上げたことから「いただく」は「もらう」の意味になりました。

もらった物をつつしんで飲食《いんしょく》することから「いただく」は「食べる」「飲む」のけんじょう語としても使われるようになりました。食事の前の「いただきます」は、食べ物をあたえてくれたすべての人びとへの感謝の気持ちを表します。

34 発表会に「おいでください」

「おいでになる」は､「来る」「行く」「いる」のそんけい語です。「出る」にていねい語の接頭語《せっとうご》「お」をつけた形です。「お父さんが来る」「先生がいらっしゃる」「王様がおいでになる」のように、相手への敬意《けいい》の度合《どあ》いが高くなります。

「おいで」だけだと､「こっちへおいで」のようによびかけの言葉として使われます。この場合は、敬意の気持ちが含《ふく》まれていません。学校の行事や発表会のことを案内して、地域《ちいき》の方や来賓《らいひん》を招待《しょうたい》するとき、「おいでください」がよく使われます。

1 人を招《まね》くときはていねいに案内します。

■くだけた言い方

■ていねいな言い方

学習発表会に来てください。
「ください」がついていて、ていねいな言い方だけど……。
校長先生、学習発表会においでください。
ぜひ、行きたいな。

2 「おいでください」のかわりに「お越《こ》しください」も使われます。

私たちの運動会に、ぜひお越しください。
市長
本日は、お越しいただき、ありがとうございます。
○×小学校

ポイント　「お越し」とは、相手が「行くこと」「来ること」を意味するそんけい語です。「おいでください」より、相手に対するそんけいの度合いが高くなります。ていねいなおさそいの言葉です。

3　「おいで」だけでは敬語になりません。

■まちがった言い方

「ふれあい給食会」に
おいで……。
？？

■正しい言い方

今日11時から、学校で行
われる「ふれあい給食会」
においでください。
わかりました。

ポイント　おさそいするときは、時間や場所をいっしょに知らせると親切です。

4　「招待状《しょうたいじょう》」を書いてみましょう。

> 校長先生　お元気ですか。
> 今日は、私たちの学習発表会にぜひお越しいただきたくて、
> 招待状を書きました。
> 私たちは総合《そうごう》の勉強で、地球温暖化《おんだんか》について調べました。
> 勉強の成果を、校長先生にも見ていただきたいのです。
> ○月○日に、教室でおこないます。
> ぜひ、おいでください。お待ちしています。
> 5年1組　一同

ポイント　「来てください」よりも、「お越しください」「おいでください」の方が相手をうやまう気持ちが伝わります。

練習問題

次の三つの「おいで」を「来る」「行く」「いる」の意味に分けてみましょう。

①王様は、明日の朝、東の国へおいでになります。

②わたしの誕生日会《たんじょうびかい》へ、ぜひおいでください。

③先生は、今、どちらにおいでですか？

【答え】
①行く　②来る　③いる

35 あいさつの言葉を集めよう。

「おはよう」「こんにちは」「こんばんは」「さようなら」はよく使われる代表的な「あいさつ言葉」です。「あいさつ言葉」は、人と人とが心を通《かよ》わせるうえで、なくてはならない言葉です。

あいさつ言葉は、相手に対して直接《ちょくせつ》話しかける言葉ですから、同じ「おはよう」でも、相手との関係によっていろいろな言い方があります。

もんだい1 学校にいるときに使う「あいさつの言葉」を集めてみましょう。

① 朝、教室に入るとき（　　　　　　）

② 授業が始まるとき（　　　　　　）

③ 理解できたことを示すとき（　　　　　　）

④ 給食のとき（　　　　　　）

⑤ 職員室に入るとき（　　　　　　）

⑥ 初めて友だちになるとき（　　　　　　）

⑦ 道をゆずるとき（　　　　　　）

⑧ お礼を言うとき（　　　　　　）

⑨ 謝《あやま》るとき（　　　　　　）

答えは 75 ページにあります。

もんだい2 絵を見てあいさつの言葉を考え、言ってみましょう。

① 朝のあいさつをしよう。

（　　　　　　）

② お別れのあいさつをしよう。

（　　　　　　）

③ 食事の前のあいさつをしよう。

（　　　　　　）

④ 順番をゆずろう。

（　　　　　　）

⑤ 感謝《かんしゃ》の気持ちを伝えよう。

（　　　　　　）

⑥ 謝罪《しゃざい》の気持ちを伝えよう。

（　　　　　　）

答えは 75 ページにあります。

36 敬語を分類しよう。

敬語《けいご》には主《おも》に三つの種類があります。

● 「ていねい語」……相手に対してていねいな気持ちを言い表す言葉です（6 ページ参照）。

● 「けんじょう語」……相手に対してそんけいの気持ちを表す敬語の種類ですが、自分がする行動に付けることで相手をうやまう気持ちを表します（12 ページ参照）。

● 「そんけい語」……相手の行動や持ち物、状態《じょうたい》などについて、うやまう気持ちを表します（14 ページ参照）。

そのほかに、「昨日《きのう》、お芝居《しばい》を見に行って……」というように、そんけいを示《しめ》す相手のいない対象《たいしょう》を美しくかざる「美化語《びかご》」も敬語です。

もんだい1　表の言葉をそれぞれの言い方に変えてください。

	ていねい語	けんじょう語	そんけい語
だ			
である			
行く			
来る			
いる			
言う			
食べる			
飲む			
くれる			
する			

答えは 75 ページにあります。

もんだい2　まちがっているのはどの言葉でしょう？

家《うち》の
イヌにこれを
さしあげますと、
よく
召《め》しあがるんです。

答えは 75 ページにあります。

37 どんな言葉がふさわしいでしょう？

絵の中の人物になったつもりで □ の中にあてはまる言葉を書き入れましょう。
〈どんな場面か〉〈相手は　だれか〉〈だれが　だれに　言うか〉を考えてどのような言い方がふさわしいかを考えましょう。

もんだい1　お母さんは、家に「いるよ」？

あなたは道でとなりのおばさんに会って、お母さんのことを聞かれました。
どのように言えばよいでしょう。

お母さんは、おうちにいらっしゃいますか？
はい、□は、
家に□。

ポイント　自分の家族について言うときは、けんじょう語を使います。

もんだい2　山本先生は、「いる」？

あなたは職員室《しょくいんしつ》に山本先生を探《さが》しに行きました。どのように言えばよいでしょう。

失礼します。山本先生は
□。

ポイント　先生の居場所《いばしょ》を聞くときは、そんけい語を使います。

もんだい3 わたしは、「いいと思うよ」？

学級会で「ろうかは、静かに歩くほうがいい」と発言しようと思います。
どのように言えばよいでしょう。

わたしは、ろうかを静かに歩いたほうがいいと［　　　　　　］。

ろうかをはしってもいい？

ポイント　クラスメイトの前で発表するときは、ていねい語を使います。

答えの例

72ページ

もんだい1　①おはよう（おはようございます）②よろしくおねがいします　③はい、わかりました　④いただきます／ごちそうさまでした　⑤失礼します　⑥はじめまして、仲良くしてください　⑦お先にどうぞ　⑧ありがとう（ありがとうございました）⑨ごめんなさい

もんだい2　①おはよう（おはようございます）　②さようなら　③いただきます　④お先にどうぞ　⑤ありがとうございます　⑥ごめんなさい

73ページ

もんだい1

	ていねい語	けんじょう語	そんけい語
だ	です（でございます）	—	—
である	であります(でございます)	—	—
行く	行きます	うかがう（おうかがいする）	いらっしゃる
来る	来ます	参る（参上する）	お見えになる（おいでになる）
いる	います	おる	おられる
言う	言います（お伝えします）	申す	おっしゃる
食べる	食べます	いただく	召し上がる（お食べになる）
飲む	飲みます	いただく	召し上がる（お飲みになる）
くれる	くれます	くださる	くださる
する	します	いたす	なさる

もんだい2　「さしあげる」………犬にけんじょう語は使わない。
「召しあがる」………犬にそんけい語は使わない。
正しい使い方の例……家のイヌにこれをやる（あげる）と、よく食べます

74～75ページ

もんだい1　母／家におります
もんだい2　いらっしゃいますか
もんだい3　思います

38 絵の中の人物になって、話してみよう。

学校で敬語を使う場面がたくさんあります。

どのようなときに、どのような言い方がふさわしいのでしょうか。絵の中の人物になったつもりで、敬語の練習をしましょう。

〈どんな場面か？〉〈相手はだれか？〉が敬語を使ううえでのポイントです。

もんだい1 けがをした友だちのことを保健《ほけん》の先生に説明する時のセリフを考えましょう。

どうしましたか？
…………

友だちのあゆみさんのけがを保健室の先生に説明します。
下の単語をならべかえて文を作ってください。

あゆみさんは、	鬼《おに》ごっこ中に
手当《てあて》をして	ひざを
すりむきました。	あげて
ください。	ころんで、

ポイント　保健の先生に落ち着いてていねいな言葉で話します。〈だれが〉〈どうした〉〈○○してください〉をはっきりと伝えましょう。

答えは 78 ページにあります。

もんだい2 弟が先生から借りたかさをあなたが返すときのセリフを考えましょう。

どうしたの？
…………

昨日《きのう》、弟が先生から借りたかさをかわりに返しに行きました。
下の単語をならべかえて文を作ってください。

お借りしたかさ	いました。
申して	ありがとう
ございました。	弟が
昨日	です。

ポイント　〈だれが〉〈どうした〉をきちんと説明し、弟から預かった伝言を先生に伝えます。「お借りした」は、先生をうやまったけんじょうの表現です。

答えは 78 ページにあります。

もんだい3　どちらの返事がふさわしいでしょう？

学校のろうかで業者《ぎょうしゃ》の方に職員室《しょくいんしつ》の場所をたずねられました。
A・Bどちらの言い方がよいでしょう。また、どこがよいか言えますか？

A　向こうの方に行けばいいよ。

B　はい。ここをまっすぐ行くと、右の方にあります。

答えは 78 ページにあります。

ポイント　学校にお見えになった方には、ていねいな言い方をします。不慣《ふな》れな場所にとまどっているかもしれないので、できるだけ具体的《ぐたいてき》に説明します。時間があれば案内してください。

もんだい4　なくした手紙をもう一度書いてもらうためのお願いをするときのセリフを考えましょう。

先生が書いてくれた手紙をなくしてしまいました。そのことをきちんと説明し、もう一度書いてもらえるようにお願いに行きました。
下の単語をならべかえて文を作ってください。語尾《ごび》は工夫《くふう》して変化させてみましょう。

先生から	なくす
手紙を	いただけないか。
書いて	しまった。
昨日	すみませんが
いただいた	もう一度

答えは 78 ページにあります。

ポイント　自分の失敗を説明して、あらためてお願いするのです。ていねいな言い方を心がけましょう。

もんだい5　持ってきたカブトムシをクラスのみんなに紹介《しょうかい》するときのセリフを考えましょう。

昨日《きのう》の夜につかまえたカブトムシをクラスのみんなに紹介します。
下の単語をならべかえて文を作ってください。語尾《ごび》は工夫《くふう》して変化させましょう。

昨日の	夜	家の	林で
オスの	カブトムシ	これを	近くの
つかまえた	見てくれ	みんな	だ

ポイント　〈いつ〉〈どこで〉つかまえた〈どんな〉カブトムシなのかをできるだけ、具体的に話してください。どの言葉を強調する（大きな声で言うか）、どんな動作をすればよいかも考えてください。

答え

もんだい1　あゆみさんは、鬼《おに》ごっこ中にころんで、ひざをすりむきました。手当をしてあげてください。

もんだい2　昨日弟がお借りしたかさです。ありがとうございましたと申していました。

もんだい3　(B)

「はい」と相手に対してはっきりと返事をしています。「右の方にある」と目あてを具体的《ぐたいてき》に伝えています。「あります」と、ていねい語を使っています。

もんだい4　昨日先生からいただいた手紙をなくしてしまいました。すみませんがもう一度書いていただけませんか。

もんだい5　みなさん、これを見てください。昨日の夜、家の近くの林でつかまえたオスのカブトムシです。

39 校長先生に自己紹介をしてみよう。

人との新たな出会いのときには自己紹介《じこしょうかい》をします。自分のことを相手に知ってもらうために言葉の使い方や話し方を工夫しましょう。たとえば、校長先生に自己紹介をするときに、どんなことを話せばいいでしょうか。校長先生があなたについて知りたいと思っていることをリストにしてみましょう。また、あなたが校長先生に知ってもらいたいことをリストにしてみましょう。

リストを参考に自己紹介文を考えて校長先生に自己紹介してみましょう。

校長先生はあなたより年上です。どんな言葉づかいをしたらよいかに注意して話してみましょう。相手に敬意《けいい》を表すには、言葉だけでなく、相手の目を見て誠実《せいじつ》に話すことも大切です。

チャレンジ1　校長先生はなにを知りたい？

校長先生があなたについて知りたいと思っていることを書き出してみましょう。

（　　　　　　　　　　）（　　　　　　　　　　）
（　　　　　　　　　　）（　　　　　　　　　　）

チャレンジ2　校長先生になにを知ってもらう？

あなたが校長先生に知ってもらいたいことを書き出してみましょう。

（　　　　　　　　　　）（　　　　　　　　　　）
（　　　　　　　　　　）（　　　　　　　　　　）

【5年生の女子の自己紹介】

はじめまして、私の名前は山本あゆみです。五年一組で生き物係をやっています。
好きなフルーツは、桃《もも》とぶどうです。血液型《けつえきがた》はA型で、星座《せいざ》はやぎ座です。たんじょう日は一月三日です。
尊敬《そんけい》している人は、父と母です。好きな教科は、体育と国語と家庭科です。わたしの長所は、いろいろな人にあいさつができることです。短所は、片付《かたづ》けが苦手《にがて》なことです。
将来《しょうらい》の夢《ゆめ》は、チャイルドスペシャリストと弁護士《べんごし》で、これから勉強をたくさんして、夢をかなえたいと思っています。よろしくお願いします。

ポイント　紹介をする前に「おいそがしいところをすみません」と言う「クッション言葉」（29ページを参照）や「はじめまして」の「あいさつ言葉」（44ページを参照）を使っていて余裕《よゆう》が感じられます。語尾《ごび》に「です・ます」のていねい語を使っています。

ポイント　ていねいな言葉づかいで相手を意識《いしき》した声の出し方で自己紹介しましょう。
相手の目を見て自己紹介すると、ていねいな気持ちが伝わります。
動作にメリハリを付けると、初めてあいさつをする相手にも覚えてもらいやすいです。

40 これはかんたん!? 敬語クイズ

敬語《けいご》を使いこなすには、知識《ちしき》を理解《りかい》することも大切ですが、実際《じっさい》に使って言葉の感覚をみがいていくのが近道です。

グループで「敬語クイズ」を作ってみましょう。グループで作った問題をクラスで発表し、クラスのみんなで答えを考え合うと、楽しく敬語が身に付きます。各グループで作ったクイズを一冊《いっさつ》の本にまとめておけば、後から復習《ふくしゅう》ができます。

1 グループでクイズを出し合おう

【敬語クイズの手順】

・4人のグループで敬語の問題を考えます。
・グループごとに問題を出し合います。
・正解なら拍手。まちがえたら他のグループが答えます。

問題です。「田中先生、どちらへいらっしゃるのですか？」
この『いらっしゃる』は、『行く』『来る』『いる』のどの意味でしょうか？
はい。『行く』の意味です。

ポイント　クラス全員のクイズを100例くらい集めれば、ラクラク一冊の本が作れます。本にまとめるときは、1ページ目に問題を次のページに答え（説明）を書くとよいでしょう。

2 敬語クイズの例

いろいろなクイズの出し方があります。下の例を参考にたくさんの敬語クイズづくりにチャレンジしてみてください。

①「たくさん食べてね」 王様に言うときは何と言ったらよいでしょうか？
→王様、たくさん（　　　　　　）ください。

【ヒント】「食べる」のそんけい語は、「召《め》しあがる」です。

②「だれかいる？」 近所のお宅《たく》を訪《たず》ねるときは何と言ったらよいでしょうか？
→ごめんください（　　　　　　）ますか？

【ヒント】「だれ」のていねい語は「どなた」です。「いる」のそんけい語は、「いらっしゃる」です。

③「いつ家庭訪問《ほうもん》にみえますか？」「みえる」の意味をもっとわかりやすく伝えるときは何と言ったらよいでしょうか？
→いつ家庭訪問に（　　　　　　）？

【ヒント】「みえる」は、「来る」のそんけい語ですが、「見ることができる」という意味とまちがえやすいので、「おみえになる」という形で使います。

④「王様も知っているように……」 王様に言うときは何と言ったらよいでしょうか？
→すでに、王様も（　　　　　　）のように……

【ヒント】「知る」のけんじょう語は、「存《ぞん》ず」です。そんけい語では「ご」をつけて「ご存じのように」と使います。あまり急に決めつけて、王様がきげんを損《そこ》ねると困《こま》るので、ちょっと間を置く、「すでに」という「クッション言葉」を始めに置きました。

⑤「あなたのことを知っている。」 ていねい語やけんじょう語で言うときは何と言ったらよいでしょうか？
→（ていねい語）あなたのことを知ってい（　　　　）。
→（けんじょう語）あなたのことを（　　　　）おります。

【ヒント】ていねい語の「ます」「です」を付けるとていねいな言い方になります。「存じる」は、「知っている」のけんじょう語です。

⑥自分のお父さん、お母さんをさすときにほかの人に「お父さん」「お母さん」というのはまちがいです。ホント？　ウソ？

【ヒント】「お」「さん」は、尊称《そんしょう》です。「ぼくのお父様は」と言っているのと同じです。おじいちゃん→祖父《そふ》、おばあちゃん→祖母《そぼ》と言いかえます。

【答えの例】
①お召し上がり　②どなたかいらっしゃい　③おみえになりますか（いらっしゃいますか）？　④ご存じ　⑤ます／存じ上げて
⑥ホント。「父」や「母」と言いかえます。

41 人物なりきり「敬語ロールプレイ」

実際《じっさい》の生活ではいろいろな人に出会い、人間関係ができあがっていきます。初めて会う人とも、よく知っている友だちや先生とも、ときにはていねい語やそんけい語を使って話す必要があります。

いろいろな場面に合わせて、必要な敬語表現《けいごひょうげん》を使って会話をしてみましょう。その人物になりきって会話をするので「ロールプレイ」（役割を演《えん》じる）と言います。どんな言葉を使うと、気持ちよく相手に接《せっ》することができるでしょうか。

もんだい１～４で会話を作ったら、会話に合わせて実際にロールプレイを行ってみましょう。また、会話の続きを考えてロールプレイをしてみてください。

もんだい1 お店で偶然《ぐうぜん》会ったタカシ君親子と先生の会話です。

お母さんと買い物に行きました。お店で偶然、担任の先生と会いました。先生も買い物に来ていました。下の表の言葉をならべかえて会話を成立させましょう。

タカシ「こんにちは、先生。」
先生「①」
タカシ「②」
先生「③」
母「④」
先生「⑤」

ポイント 先生があなたに話すときと、お母さんに話すときのちがいに注目してください。

先生

こんにちは、　先日は　こちらこそ、
タカシ君。　カブトムシ　明日、学校で使う文ぼう具を
来ていただいて　保護者参観《ほごしゃさんかん》に
買いに来たんだ。　ありがとうございました。

タカシ・母

タカシが　先生も　いつも
お買い物ですか？　お世話になっています。

もんだい2 お客さんと店員の会話です。

大きなデパートで、売り場がわからなくて困《こま》っている人がいます。表の言葉をならべかえて店員と客の会話を成立させましょう。

店員「お探《さが》しものですか？」
客「①」
店員「②」
客「③」
店員「④」

ポイント 客と店員の言葉の使い方がちがうことに注目してください。

客

私の絵を / 画材コーナーを / そのための / 友人に / 贈ろうと思うの……。 / 額縁《がくぶち》がほしいの。 / 探しているの。

店　員

取りあつかって / どんな品物を / 額縁は五階《ごかい》で / お求めですか。 / いたします。 / おります。 / ご案内

もんだい3 工場見学でのタカシ君親子と案内人の会話です。

タカシ君は、夏休みの調べ学習でお父さんとしょうゆ工場の見学に行きました。案内の人とお父さんとタカシ君の会話です。表の言葉をならべかえて、会話を成立させましょう。

案内の人「①」
父「②」
案内の人「③」
タカシ「④」
案内の人「⑤」

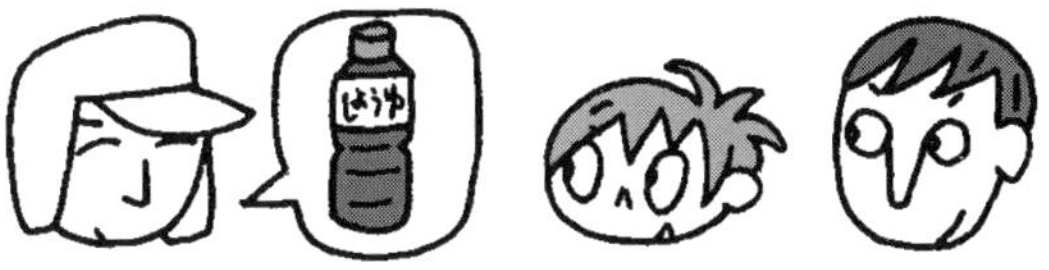

ポイント あなたとお父さんに対する案内の人の敬語《けいご》の使い方に注目してください。

案内の人

ところです。 / ようこそ、 / いたします。 / くださいました。 / それでは / 絞《しぼ》り出している / お越し / しょう油を / 順番にご案内 / 弊社《へいしゃ》の / 工場に

父・タカシ

お手数を / ところですか？ / いたします。 / ここは / 案内を / お願い / おかけいたしますが、 / なにをしている

もんだい4　駅のホームでのやりとりです。

駅のホームでしゃがみ込んで、気分の悪そうな乗客がいます。そこに駅員と駅長と医者が来ました。表の言葉をならべかえて、会話を成立させましょう。だれがだれに敬語を使う必要があるかを考えてみましょう。

駅員「　　①　　」
客　「……。」
駅長「　　②　　」
駅員「　　③　　」
医者「どれ、わたしが見てみましょう。」
駅長「　　④　　」
医者「近所で医者をしております。」
駅員「　　⑤　　」

ポイント　「気分の悪そうな乗客」という、会話に登場していない人物がいることに注意をしてください。

降車《こうしゃ》された	どうした？	お客さまが、	どうされましたか。	あなたは……。
はい	お客さん、	貧血《ひんけつ》のようです。	倒れました。	そうですか、
失礼ですが、	具合《ぐあい》が悪いようです。	それではお願いします。	先ほどの電車から	

答え

もんだい1
①こんにちは　タカシ君。
②先生も　お買い物ですか？
③明日、学校で使う文ぼう具を買いに来たんだ。
④いつもタカシがお世話になっています。
⑤こちらこそ、先日は保護者参観に来ていただいてありがとうございました。

もんだい2
①画材コーナーを探しているの。
②どんな品物をお求めですか。
③友人に私の絵を贈ろうと思うの……。そのための額縁がほしいの。
④額縁は五階で取りあつかっております。ご案内いたします。

もんだい3
①ようこそ、弊社の工場にお越しくださいました。
②お手数をおかけいたしますが、案内をお願いいたします。
③それでは順番にご案内いたします。
④ここはなにをしているところですか？
⑤しょう油を絞り出しているところです。

もんだい4
①お客さん、どうされましたか。
②どうした？
③はい、先ほどの電車から降車されたお客さまが、倒れました。貧血のようです。
④失礼ですが、あなたは……。
⑤そうですか、それではお願いします。

42 物語を書いてみよう。

　多くの物語の中にはさまざまな登場人物が現《あらわ》れます。時代や場所によっても登場人物たちが話す言葉は千変万化《せんぺんばんか》です。日常生活からはなれた舞台《ぶたい》を設定《せってい》して物語を作ってみましょう。登場人物の言葉づかいによってその人物が上品であったり、こっけいであったり、その人物像《じんぶつぞう》がはっきりしてきます。また、使われる敬語《けいご》によっても、物語の人間関係がわかってきます。他の人に読んでもらって文章をチェックしましょう。

チャレンジ　中世《ちゅうせい》のお城を舞台《ぶたい》にして、物語の続きを作ってみましょう。

次の文章は、中世のお城での出来事です。王様とお姫《ひめ》さま、侍女《じじょ》ととなりの国の王子が出てきます。この話の続きを考えてみましょう。王様とお姫さまと王子と侍女の言葉づかいをうまく使いわけてください。

侍女	お姫さま、本日のお召《め》し物はこちらでございます。
姫	まあ、すてき。お父様にも早くお見せしたいわ。
侍女	国王様がお待ちですから、早くお支度《したく》をすませましょう。
	一時間後
	（王様登場）
王	よくにあっているぞ。 さあ、となりの部屋《へや》で王子が待っている。 そろそろ行こうか。
姫	はい、わかりましたお父様。 ところで、王子はどんな方なのでしょう。
王	とてもやさしそうな青年だったよ。
	（ガチャリとドアが開く）
王	やあ、すっかりお待たせしてしまった。 ほら、ごあいさつしなさい。
姫	はじめてお目にかかります。
王子	はじめまして。私はトランポリン王国第二王子です。
	⋮

ポイント　例えば、侍女が３人に紅茶《こうちゃ》を持って来るシーンをつなげると、どんな会話が生まれるでしょうか。

43 言葉づかいのまちがい探しクイズ

会話の中にはたくさんの敬語表現《けいごひょうげん》が出てきます。その場や相手に応《おう》じて適切《てきせつ》に敬語を使うことが大切です。

次のもんだい１と２の会話で使われている言葉は、敬語を使うべき場面で、ところどころあやまった使い方をしたり不適切《ふてきせつ》な言葉づかいをしたりしています。それぞれ適切な言葉づかいに直しましょう。

もんだい１　どこかおかしなおばあさんと女の子の会話を正しく直しましょう。

【場所】　横断《おうだん》歩道
【登場人物】　おばあさんと女子中学生

女性	すみません。道を教えろ。
中学生	はい。どちらへいらっしゃるのですか。
女性	市民ホールだ。
中学生	市役所は知っているか。
女性	いいえ。この辺は初めてでよくわからねえ。
中学生	そうですか。ここからだとわかりにくいので、ご一緒《いっしょ》します。
女性	ごめいわくをかけては申しわけありませんので……。
中学生	どうせ近くまでいらっしゃるところだから。
女性	チョー感謝《かんしゃ》。悪いね。
中学生	荷物《にもつ》重そうだな。持ってやろうか。
女性	ご親切にありがとうございます。

もんだい2　どこかおかしな先生と生徒《せいと》の会話を正しく直しましょう。

【場所】　教室
【登場人物】　中学生と担任《たんにん》の先生

先生　この前配ったプリントをまだ提出《ていしゅつ》なさっていませんね。
中学生　ご両親に確認《かくにん》していただいて、印《いん》かんを押《お》して持ってくる紙か。
先生　左様《さよう》でございます。
中学生　すみませんが、今日は持ってきていません。
先生　なにかあったのですか。忘《わす》れるなんて鈴木さんらしくないじゃんか。しかも最近、授業中もつかれているようにお感じになるけど大丈夫か。
中学生　ばあちゃんが急に入院《にゅういん》しちゃったから、パパもママもお仕事と病院への付き添《そ》いでおいそがしく、おプリントをおわたしすることができなかったよ。ごめんね。自分はここ数日、ずっと妹の面倒《めんどう》をみてたから少しつかれがたまってるかも…。
先生　それは心配ですね。ばあちゃん、早くよくなるといいですね。お大事に。母親にもよろしく伝えてください。
中学生　サンキュー。書類は明日持ってまいります。迷惑《めいわく》かけたな。

答えの例

もんだい1

女性　すみません。道を教えてください。
中学生　はい。どちらへいらっしゃるのですか。
女性　市民ホールです。
中学生　市役所は知っていますか。
女性　いいえ。この辺は初めてでよくわかりません。
中学生　そうですか。ここからだとわかりにくいので、ご一緒します。
女性　ごめいわくをかけては申しわけありませんので……。
中学生　近くまで行くところですから。
女性　ありがとうございます。申しわけありません。
中学生　荷物が重そうですね。お持ちしましょうか。
女性　ご親切にありがとうございます。

もんだい2

先生　この前配ったプリントをまだ提出していませんね。
中学生　両親に確認してもらって、印かんを押してもってくる紙のことですか。
先生　そうです。
中学生　すみませんが、今日は持ってきていません。
先生　なにかあったのですか。忘れるなんて鈴木さんらしくないですね。しかも最近、授業中もつかれているように感じますが、大丈夫ですか。
中学生　祖母が急に入院してしまい、父も母も仕事と病院への付き添いでいそがしく、プリントをわたすことができませんでした。申し訳ありません。私はここ数日、ずっと妹の面倒をみていて少しつかれがたまっているのかもしれません。
先生　それは心配ですね。おばあさんが早くよくなるといいですね。お大事に。お母さんにもよろしく伝えてください。
中学生　ありがとうございます。書類は明日持ってまいります。ご迷惑をおかけしました。

44 昔の言葉を楽しもう。

昔に書かれた文章や、古い時代を舞台にした作品を読んでみましょう。現代《げんだい》の言葉とはちがう言葉が出てきます。芥川龍之介《あくたがわりゅうのすけ》（1892 年～ 1927 年）の『鼻』という作品は 1916 年に書かれました。この物語は、平安末期に書かれた『今昔物語《こんじゃくものがたり》』や、鎌倉《かまくら》時代に書かれた『宇治拾遺物語《うじしゅういものがたり》』のお話を題材にしています。

1 『鼻』（芥川龍之介、1916 年）

弟子《でし》の僧《そう》は、内供《ないぐ》が折敷《おしき》の穴《あな》から鼻をぬくと、そのまだ湯気《ゆげ》の立っている鼻を、両足に力を入れながら、踏《ふ》みはじめた。内供は横になって、鼻を床板《ゆかいた》の上へのばしながら、弟子の僧の足が上下《うえした》に動くのを眼《め》の前に見ているのである。弟子の僧は、時々気の毒そうな顔をして、内供の禿《は》げ頭を見下しながら、こんな事を云《い》った。

——痛《いと》うはござらぬかな。医師は責《せ》めて踏《ふ》めと申したで。じゃが、痛うはござらぬかな。

内供は首を振《ふ》って、痛くないと云う意味を示《しめ》そうとした。所《ところ》が鼻を踏まれているので思うように首が動かない。そこで、上眼《うわめ》を使って、弟子の僧の足に皹《あかぎれ》のきれているのを眺《なが》めながら、腹《はら》を立てたような声で、

——痛うはないて。

と答えた。実際《じっさい》鼻はむず痒《かゆ》い所を踏まれるので、痛いよりもかえって気もちのいいくらいだったのである。

ポイント
「痛うはござらぬかな」→「痛くはないか」
「申したで」→「言ったので」
「じゃが」→でも
「痛うはないて」→「痛くはない」などが昔の言葉です。

2 昔の言葉で昔話を書いてみよう。

むかしむかし、あるところにおじいさんとおばあさんがいました。

↓

むかしむかし、あるところにおじいさんとおばあさんがおったそうな。

ポイント 昔からの言葉を使って昔話を話せば、よりよいふん囲気が出て、聞くほうも楽しくなります。

45「どうしたの？カード」「だいじょうぶ？カード」

言葉づかいはだれと話すかによって変化します。言葉の使いわけがじょうずにできないと、相手とスムーズなコミュニケーションを取れませんし、会話がちぐはぐになってしまいます。

「どうしたの？カード」と「だいじょうぶ？カード」という２枚《まい》のカードを使う「ロールプレイ」（役割《やくわり》を演《えん》じる）は、立場によって変えなければならない言葉の使い分けを練習するのに便利です。

自分と相手のキャラクターを考えて会話をつなげてロールプレイをしながら敬語《けいご》を身につけましょう。

チャレンジ1　２枚のカードを作ります。

「どうしたの？カード」と「だいじょうぶ？カード」はハガキくらいの大きさが適当《てきとう》です。

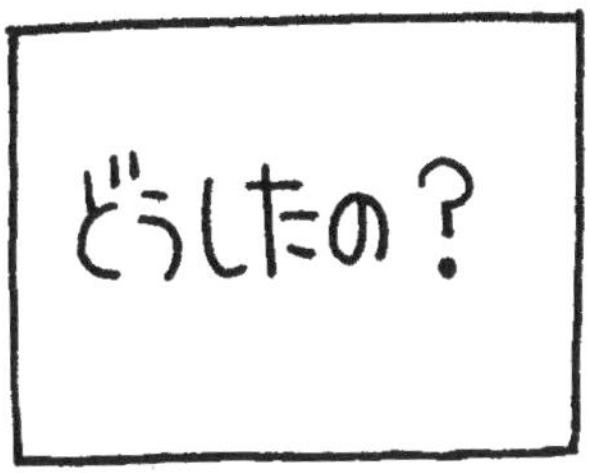
どうしたの？

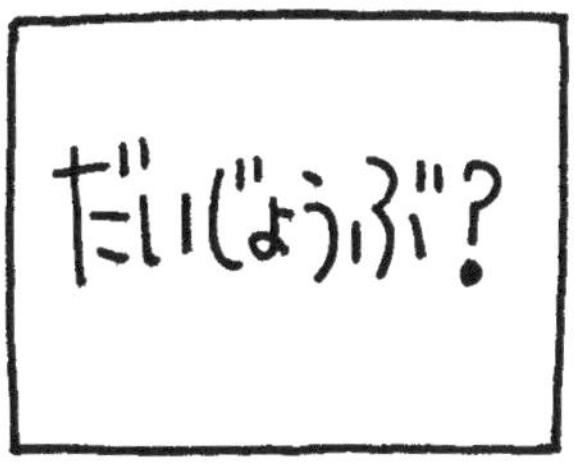
だいじょうぶ？

チャレンジ2　役割を決めましょう。

聞く人を一人、答える人を一人決めます。
聞く人がカードを持ちます。
答える人は、ドラマのシーンを考えます。

聞く人

考える人

〈考えること〉
いつ？
どこで？
聞く人はだれ？
答える人はだれ？
どうした？
だから、どうする？

チャレンジ3　さあ、ゲーム開始です。

設定：いつ？……昼休み。
　　　どこ？……学校の教室
　　　聞く人と答える人は友だち同士。
　　　どうした？……急に雨が降《ふ》ってきたが、答える人がカサを忘《わす》れた。
　　　だから、どうする？……先生にカサを貸してもらえるか聞く。

進め方：聞く人は、相手の友だちになりきって質問《しつもん》します。
　　　↓
　　　答える人は想像《そうぞう》した人や場面になりきって答えます。
　　　↓
　　　答えに応《おう》じて、聞く人はさらに質問します。
　　　↓
　　　答える人はまた、その人になりきって答えます。

チャレンジ4　実際《じっさい》の例を参考にしてみましょう。

●聞く人

どうしたの？
どうしたの?

●答える人

カサを忘れちゃった。

●聞く人

だいじょうぶ？
だいじょうぶ?

●答える人

先生にカサを貸していただけるか聞いてみるよ。

チャレンジ5　聞く役をお姫様《ひめさま》に変えて、もう一度！

今度は、聞く役をお姫様に変えてやってみます。お姫様に対して話すようにせりふを変えます。

どうしたの？
だいじょうぶ？

チャレンジ6　比べてみましょう。

友だちとの会話と、お姫様との会話では、どこがちがっていたかを考えてみましょう。

・どこか、言葉づかいのちがいはありますか？
・ちがっていたら、どのようにちがいましたか？
・お互《たが》いの聞き方や答え方におかしなところはありませんでしたか？
・気づいたことを話しあって、どうしたらよりふさわしい言い方ができるか考えてみましょう。

チャレンジ7　場面を変えてくり返しやってみましょう。

聞く人と答える人の役割《やくわり》を交換《こうかん》したり、答える人の「いつ、どこで、どんな人が、どのようにしているか」の設定《せってい》を変えてみましょう。聞く人を近所の人や警察官《けいさつかん》、どろぼうにしてもおもしろいですね。また、新しく「どうするの？カード」を増《ふ》やすともっとドラマがおもしろくなります。

どうしたの？
だいじょうぶ？

ポイント
聞く人も答える人も、「もし校長先生なら」「王様なら」「友だちなら」と、この人物ならこう聞く（答える）だろうと想像《そうぞう》しましょう。役になりきることが重要です。
言い方はひとつではありません。別の聞き方、答え方や、状況《じょうきょう》を変えて、いろいろな言い方をしてみましょう。

46 敬語はどうやって使われているだろう？

江戸時代までは身分制度《みぶんせいど》があり、敬語《けいご》もそれによって使い方が決められていました。
明治時代に入ると、身分制度はなくなりました。今はどんな考え方によって敬語が使われているのでしょうか。

1 デパートの店員Aさんとホテルの社長Bさん

デパートの店員Aさんは、お客のBさんに敬語を使います。それはBさんの身分が高いからではなく、Bさんがお客さんだからです。
次の日、AさんはBさんが社長をしているホテルにとまりました。今度はBさんがお客であるAさんに敬語を使って対応《たいおう》します。

×○デパート
セール
いらっしゃいませ

いらっしゃいませ
O×HOTEL

ポイント　立場が変われば、敬語が使われる対象《たいしょう》も変わるのです。

2 敬語を使うのはなぜ？

■知らない人に道を聞かれた場合

信号を右に曲がって
すぐの所にあります。

■おとなが子どもに対して敬語を使う

そっちは
危ないですよ。
こっちへ
来ましょうね。

ポイント　知らない人に道を聞かれた場合、敬語を使うことがあります。また、おとなが子どもに対して「です・ます」のていねい語を使うことがあります。
敬語を使うことによって、自分は乱暴《らんぼう》な言葉を使うような品位《ひんい》のない人間ではない、相手を尊重《そんちょう》するマナーを持った社会の一員なのだということを示《しめ》すことができます。

3 「バイト敬語」ってなに？

お待ちどおさま。
カレーライスになります。
お水のほうはよろしいですか？
カレーライスになるって、
まだ作っている途中《とちゅう》なの？
お水のほうって
どっちの方？

ポイント

「カレーライスです」「カレーライスでございます」「お水はよろしいですか？」が正しい言い方です。最近では「バイト敬語」とも言われる過度《かど》の敬語表現《ひょうげん》がさかんに使われています。飲食店などのアルバイト店員がよく使うので「バイト敬語」とよばれています。改めて念《ねん》を押《お》すような言い方は、変な感じがします。

4 言葉を大切にするってどういうこと？

ポイント

「花に水をやる」がもともとの言い方です。「あげる」は、下から上へという方向性《ほうこうせい》を持っているので、植物に対してけんじょう語を使うのはおかしいという意見があります。
一方で、「やる」という言葉を下品だと感じる人が増えてきて、「花に水をあげる」という言い方がめずらしくなくなりました。こうした気持ちを理解《りかい》して、「あげる」をけんじょう語ととらえず、言葉を美しくしているだけというふうに考えたらどうかという意見があります。

豆ちしき 言葉は時代とともに変化する。

時代とともに言葉は変化し、言葉に対する考え方も変化していきます。言葉は多くの人が使うものですから、変化にはいろいろな問題がともないます。言葉の変化をどこまで認《みと》めるか、言葉を大切にするとはどのようなことか、そこには一人一人の言葉や社会に対する考え方が反映《はんえい》されています。敬語の使い方も同じです。

47 手紙の中で敬語を使いこなそう。

手紙は、今、目の前にいない相手に、音声ではなく、書いた文字であなたの気持ちや用事などを伝えます。長い歴史の中から、話し言葉にはない独自《どくじ》の形式が発達してきました。

最近では、文字による伝達は手紙よりも、電子メールがさかんに使われていますが、手紙の書き方の基本《きほん》を身に付けておくといろいろな場面で使えます。手紙には書き始めから書き終わりまで、たくさんの基本ルールがあるのです。まずは一般《いっぱん》的な「拝啓《はいけい》」から書き始めましょう。

1 手紙には基本的な構成《こうせい》があります。

A はていねいな言葉を使って書かれた手紙ですが、正しい書き方ではありません。

× A

○○様へ
先日の職業《しょくぎょう》体験では大変お世話になりました。（以下略《りゃく》）

○ B

拝啓《はいけい》
厳冬《げんとう》の候《こう》、毎日寒い日が続きます。その後、いかがお過《す》ごしでしょうか。
先日の職業体験では大変お世話になりました。（以下略）

ポイント A でも言葉はていねいですが、手紙には基本的な構成があります。とつぜん要件《ようけん》からの書き出しでは手紙の書き方としてはまちがいです。B のように前文から書き始めると気持ちの伝わる手紙になります。

手紙の基本構成

手紙の基本構成は大きく以下の四つに分けられます。
前文《まえぶん》（頭語＋時候《じこう》のあいさつ）・主文《しゅぶん》・末文《まつぶん》・後付《あとづけ》（＋結語）
＊後付の後、追伸《ついしん》という「添《そ》え文《ぶん》」を追記することもあります。

■前文
頭語《とうご》、時候《じこう》のあいさつなどで構成されます。
頭語には結語《けつご》が対応《たいおう》します。時候のあいさつは月ごとに定型の言葉があります。自分なりにアレンジして美しいあいさつ語を書いてください。
前文の後、本文を始める前に相手をうやまうあいさつや自分の近況《きんきょう》を報告することがあります（前付け）。

●頭語
【例】

頭　語	結　語
拝啓	敬具《けいぐ》・敬白《けいはく》
謹啓《きんけい》	謹言《きんげん》・謹白《きんぱく》・敬具《けいぐ》
前略《ぜんりゃく》	草々《そうそう》・不一《ふいつ》

●時候のあいさつ
【例】

春	春暖《しゅんだん》の候。日に日に暖《あたた》かくなってまいりました。
夏	猛暑《もうしょ》のおり。毎日暑《あつ》い日が続きます。
秋	初秋《しょしゅう》の候。秋もすっかり深まりました。
冬	厳寒《げんとう》の候。毎日寒い日が続きます。

●相手を気づかうあいさつ
【例】　その後、いかがお過ごしでしょうか。
ご健勝《けんしょう》にてお過ごしのこととお慶《よろこ》び申し上げます。
いつも格別《かくべつ》のご高配《こうはい》を賜《たまわ》り、ありがとうございます。
長らくご無沙汰《ぶさた》いたしまして、心苦しく思っております。

■主文
主文は、改行し一字下げて書きます。「さて」「ところで」などの言葉で始めると書きやすくなります。
はがきは書ける字数が限られているため、簡潔《かんけつ》に書きましょう。手紙の場合も、内容《ないよう》ごとに段落《だんらく》をかえ、読みやすくします。

■末文
手紙のしめくくりとして、これからもよろしくお願いしますという言葉（今後ともよろしくお願いします）、相手の健康を祈《いの》る言葉（健康にご留意《りゅうい》ください）や、しめくくりの言葉（まずはお礼まで。とりいそぎご報告申し上げます）などを書きます。

■後付
日付、差出人の名前、宛名《あてな》を書きます。

■結語
敬具、草々などがあります。

2 書き始めの言葉「前略」の使い方

「前略《ぜんりゃく》」を使い、ていねいな文章で書かれた手紙ですが、正しくありません。

×A

前略
春暖《しゅんだん》の候　前田様におかれましてはますますご
健勝《けんしょう》のこととお慶《よろこ》び申し上げます。
このたびは、入学祝《いわい》をお送りいただきありが
とうございました。元気で中学校に通っています。
（以下略）

○B

前略
このたびは、入学祝をお送りいただきありが
とうございました。元気で中学校に通っていま
す。（以下略）

ポイント Aの手紙も言葉はていねいで合格《ごうかく》です。しかし、「前略」は「前文省略いたします」の意味ですから、前文にあたる言葉はつなげず、Bのように本文を書き出します。

3 メール文に、「頭語《とうご》」や「結語《けつご》」は必要？

あなたはどう考えますか？
気持ちが伝わるメール文とは、どういうものでしょうか？

解　説

　お礼の手紙は、出すタイミングが大切です。あまり時間を置かずに感謝《かんしゃ》の気持ちを伝えます。急いでお礼状《れいじょう》を書くとしても、目上の人への手紙に「前略」はさけましょう。また、「追伸《ついしん》」を追記することがありますが、これも目上の人にはさけた方がよいでしょう。しっかりと内容《ないよう》を考えてから手紙を書きましょう。
　一方で、友だちなど親しい人への手紙は、あまり形式にこだわらない方が気持ちを伝えられることもあります。大切なのは相手の立場や気持ちを思いやり、ふさわしい言葉を選《えら》ぶことです。

【手紙の例】

拝啓《はいけい》
春暖の候　日に日に暖《あたた》かくなってまいりました。
さて、このたびは、入学祝をお送りいただきありがとうございました。とても書きやすい万年筆《まんねんひつ》で、家でも日記をつける時に使っております。本当にありがとうございました。
父・母からもよろしくと申しておりました。
おじさんも、くれぐれも健康にご留意ください。
まずはお礼まで。　敬具
二〇一〇年三月一五日
鈴木桃子
鈴木五郎　様

※名前は文末から数文字空け、相手の名前は行の上から大きめに書きましょう。決まりではありませんが、一般的な形式として覚えておいてください。

ポイント
最近は手紙より、電子メールでのコミュニケーションが主流になっています。メールはすぐに送れてとても便利です。気軽に書けて、すぐに送れるというメールのよい点を考えると、手紙のような細かい形式は必要ないかもしれません。
仕事で送るメールなどではある程度形式が決まってきましたが、メールに共通した一般的《いっぱんてき》な形式はまだできていないようです。しかし、「相手に対して、文字で自分の思いや用件《ようけん》などを伝える」という点では共通していますから、ていねいな文章を書きましょう。
また、相手を気づかう表現は書き添《そ》えると印象が良くなります。

48 パソコンを使った言葉の探検

コンピュータの日本語全文検索《けんさく》ソフトを使えば、いろいろな文章から言葉の検索ができます。どんな言葉がどんな文章に使われているのかを調べるのに大変便利です。たとえば、「なされ」という言葉が使われている文章を瞬時《しゅんじ》に探《さが》し出してリストにしてくれるのです。

さまざまな種類のソフトがインターネット上で無料ダウンロードができます。おとなといっしょに選んで使ってみてください。

題材にする作品は、著作権《ちょさくけん》の保護《ほご》期間が過《す》ぎた夏目漱石《なつめそうせき》や宮沢賢治《みやざわけんじ》などの文学作品や古典の原文を公開しているインターネットサイト「青空文庫」（http://www.aozora.gr.jp）などで選ぶと良いでしょう。

1 「なされ」を検索する。

「○○なされ」という言い方は少し古めかしい感じがしますが、いまでは「早くしなさい」「おやすみなさい」の形でよく使います。「○○なされ」をだれがどんなふうに使っているか日本語全文検索ソフトを使って、調べてみましょう。

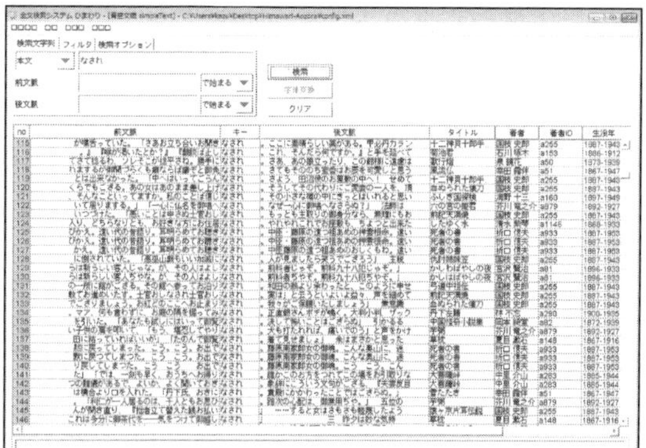

■日本語全文検索ソフト「ひまわり」の検索画面

（© 国立国語研究所）

■検索の結果

「ついでに長良《ながら》の乙女《おとめ》の墓《はか》を見て御行《おい》きなされ——」

（「草枕《くさまくら》」夏目漱石）

「御仏《みほとけ》を念《ねん》じておやりなされ。」

（「六《ろく》の宮《みや》の姫君《ひめぎみ》」芥川龍之介《あくたがわりゅうのすけ》）

「井伏《いぶせ》さんは釣《つり》道具を肩《かた》にかついで旅行なされる。」

（『井伏鱒二《いぶせますじ》選集』後記　太宰治《だざいおさむ》）

「たやすく宮《みや》は逢《あ》おうとなされないであろう」

（「源氏物語《げんじものがたり》　39 - 夕霧 -」訳　与謝野晶子《よさのあきこ》）

ポイント　多くの作家がさまざまな場面において、いろいろの使い方で「なされ」を使っていることが発見できます。

2 宮沢賢治の「参る」の使い方

「参る」はふだんはなかなか使いません。このけんじょう語もちょっと古めかしい語感がします。でも、日本語全文検索ソフトで調べてみると、宮沢賢治の作品の中にはたくさん使われています。

■宮沢賢治の「双子《ふたご》の星」の中に出てくる「参る」

- のっしのっしと大股《おおまた》にやって参りました。
- その時向うから暴《あら》い声の歌が又聞《またきこ》えて参りました。
- 「さあ、参りましょう。」と稲妻《いなづま》が申しました。
- 「王様のご命でお迎《むか》いに参りました。さあご一緒《いっしょ》に私のマントへおつかまり下《くだ》さい。（略）
- 「さあ、参りましょう。」海蛇は白髪《はくはつ》を振《ふ》って、恭々《うやうや》しく申しました。
- 中から沢山《たくさん》の立派《りっぱ》な海蛇《うみへび》が出て参りました。

ポイント 「立派な海蛇が出て参りました」と「立派な海蛇が出てきました」では、どんなちがいがあるでしょう。宮沢賢治らしいやさしいふん囲気が出ている気がします。

3 芥川龍之介の「申す」の使い方

次の文章は、芥川龍之介の「地獄変《じごくへん》」という小説に使われた「申す」の例です。
なんと芥川龍之介はこの「地獄変」の中で 119 回も使っています。

■芥川龍之介の「地獄変」の中に出てくる「申す」の一部

- 御姿《おすがた》が御母君《おんははぎみ》の夢枕《ゆめまくら》にお立ちになったとか申す事でございますが、（略）
- 早い話が堀《ほり》川のお邸《やしき》の御規模《ごきぼ》を拝見致《はいけんいた》しましても、壮大《そうだい》と申しましょうか、豪放《ごうほう》と申しましょうか。
- （略）魂《たましい》も消えるばかりに思つたのは、申し上げるまでもございません。
- 画師《えし》の事を申し上げて置く必要がございませう。
- 取分《とりわ》け御姫様《おひめさま》の御側《おそば》からは御離《おはな》れ申した事がないと云《い》つてもよろしい位《くらい》（略） など

ポイント 作家によって、言葉づかいには特徴《とくちょう》があります。これらの特徴を調べるのに、日本語全文検索ソフト「ひまわり」（http://www.kokken.go.jp/lrc）はとてもすぐれています。いろいろなことを調べてみましょう。

◆表記のちがい【例】「寂《さび》しい」「淋《さび》しい」など
◆比喩《ひゆ》「○○のようだ・ような」の使い方
◆「ら抜き言葉」はいつから使われている？
◆作家が好きな色は？
◆作家が生まれた年と言葉には関係がある？

49 どこがまちがいでしょうか？

日常の会話の中でも、テレビやラジオの中でも、敬語《けいご》のまちがった使い方を耳にしたりすることがしばしばあります。ふだんから周《まわ》りの人の話や自分の言葉づかいに注意をはらっていると言葉の感覚が豊《ゆた》かになります。

もんだい　おかしな文章を正しく書きかえましょう。

1～10の文に、まちがいや不適切《ふてきせつ》な表現《ひょうげん》があれば直しましょう。直す必要のない文もあります。だれが、だれに、なにをするのかに注目して考えましょう。

1　（電話で）兄はただいま出かけられております。

⇨

2　（駅で）この電車には、ご乗車できません。

⇨

3　妹はすぐにまいりますので、こちらでお待ちしてください。

⇨

4　先生、明日は試合にまいられますか？

⇨

5　どうぞお先に拝見《はいけん》してください。

⇨

6　一番の窓《まど》口でその書類をいただいてきてください。

⇨

7　弟が明日お目にかかりたいと申しております。

⇨

8　（館内放送で）新宿《しんじゅく》区の山口様、おりましたら一階受け付けまでおいでください。

⇨

9　おコーヒーとお茶とどちらが飲みたいですか？

⇨

10　その件《けん》はもうお聞きになられましたか？

⇨

ポイント　半分以上できたら合格《ごうかく》です。

答えの例

1　**兄はただいま出かけております。**
「れる」「られる」にはそんけいの意味があります。外部の人に対しては、家族である兄にそんけい語は使えません。「出かけております」とします。

2　**この電車には、ご乗車になれません。**
「お（ご）○○できない」はけんじょう語なので、相手には使えません。「ご乗車になれません」とします。

3　**妹はすぐにまいりますので、こちらでお待ちください。**
「お待ちする」はけんじょう語なので、相手には使えません。「お待ちください」「お待ちになってください」とします。

4　**先生、明日は試合においでになりますか（いらっしゃいますか）？**
「まいる」はけんじょう語なので、相手には使えません。「おいでになりますか」「いらっしゃいますか」とします。

5　**どうぞお先にご覧《らん》ください。**
「拝見《はいけん》する」はけんじょう語です。相手には使えません。「ご覧ください」とします。

6　**一番の窓口でその書類をお受け取りになってきてください。**
「いただく」はけんじょう語です。相手には使えません。「お受け取りになって」とします。

7　なおす必要はありません。
「申しています」としても構《かま》いません（敬意《けいい》の度合いは変わります）。

8　**新宿区の山口様、いらっしゃいましたら一階受け付けまでおいでください。**
「おる」はけんじょう語です。相手には使えません。「おりましたら」を「いらっしゃいましたら」に直します。また、その場にいなければ放送を聞くことができませんので、「新宿区の山口様、一階受け付けまでおいでください」でもかまいません。

9　**コーヒーとお茶とどちらになさいますか（どちらがよろしいでしょうか）？**
外来語には原則として「お（ご）」は付けません。「コーヒーとお茶と」とします。また、「飲みたい」のように、相手の気持ちに直接ふれるような問いかけは失礼にあたります。「どちらになさいますか」「どちらがよろしいでしょうか」とします。

10　**その件はもうお聞きになりましたか？**
「お（ご）○○になる」にさらにそんけいの意を表す「れる・られる」が付いた形です。このような表現を過剰敬語《かじょうけいご》と言い、好ましくない形とされます。「お聞きになりましたか」とします。

おとなの読者のみなさんへ

本書を最後までお読みいただきありがとうございました。読者のみなさんにこの本が少しでもお役に立てたなら、執筆者及び編著者にとってこれに勝る喜びはありません。

敬語を使い慣れないうちは、まちがえたり、失敗したりしがちです。何世代もの時を経てできている言葉の文化なのですから。「適切な言葉の使い方」を身に付けるには、たくさん会話をすることが必要ですが、失敗はつきものです。子どものまちがいや失敗には、おとなは広い心で接して「こういうときにはこんなふうに言うといいよ」とやさしく指摘してあげてください。おとなだってまちがうこともあるのですから。

大切なことは、相手に対して「誠実に伝えよう」というその気持ちを尊重することです。これは、子どもにとってもおとなにとっても同じことなのです。気持ちが伝わる言葉の使い手となるために、覚えていてほしいことが三つあります。

一． 人は「気持ち」を「からだ」で伝えることから生きていくのです。

乳幼児のころ、まだ言葉で自分の気持ちを伝えられないうちは、ひたすら「からだ」で「気持ち」の交流をします。母乳を求めては泣き、眠くなったら泣き、気分がよいと笑い、ときに奇声をあげたりします。子どもがいわゆる「非言語」（表情や手振りや身振りなど）で喜怒哀楽の気持ちを伝えようとすれば、親や家族は、それを理解すべく努力します。こうして、この世界を生き抜いていくための「いのち」をはぐくみはじめるのです。人は、この世に生まれていのち尽きるまで、生涯にわたって「気持ち」と「からだ」を大切にしていかなければならないと考えています。

二． 人は「気持ち」を「言葉」で伝えることで生きていくのです。

人に対して「伝えたい」という気持ちや「説得したい」などという欲求がわき起こってくると、自然と「言葉」が発せられるようになります。子どもに接するときには、この「過程」を大切にして指導することが大切です。「気持ち」即「言葉」では、考える間もありません。目的や相手や場面や状況などに応じて、「考える」時間を設けてあげることが必要です。

たとえば、謝らなければならない状況で、子どもは「すみません」「ごめんなさい」「申しわけありません」のどれを使うのかを考えるための時間が必要だということです。子どもの発達段階をふまえ、可能な限り、自分と自分の中の他者（この場合、あやまる相手）との「自己内対話」（インナースピーチ）をさせるのです。これを経て、自分の「あやまる気持ち」を「内なる言葉（内言）」から「外なる言葉（外言）」へと導いていきます。

自分の「気持ち」を「言葉」で伝える過程で、「自己内対話」の時間をとることによって、より確かに、より適切に、より豊かに表現できる子どもが育っていきます。目には見えない「気持ち」を、目に見える、耳に聞こえる「言葉」としてどのように外言化させるか、そこに子どもを育てるおとなの役目があると言えるでしょう。

三． 人は「気持ち」が伝わることで「いのち」をはぐくみあっていくのです。

昨今「生きる力」の育成が叫ばれています。これは、学校教育に限らず、家庭教育や社会教育においても、また子どもやおとなにとってもキーワードであります。「生きる力」を支えるのは、自分の気持ちが相手に伝わったという事実です。それは、同時に相手は気持ちを受け取ったという事実でもあります。この「言葉」による「気持ち」の相互交流、コミュニケーションの積み重ねによって、人は尊い「いのち」をはぐくみあっていくのです。

そのためには、「心ある言葉の使い手」をめざすことです。これは、相手の立場やものごとの本質をほんとうに理解して適切に言葉が使える人のことです。相手に対して「思いやりのない」「思慮の浅い」「判断力に欠ける」ような「心ない言葉」を使ってはいけないのです。「心ある言葉」の交流で、「生きる力」や「いのち」が豊かにはぐくまれていくものなのだと考えています。

敬語を含め「適切な言葉の使い方」は、生涯にわたって学び続けるものです。人は成長するにしたがって、立場が変わったり、出会う相手が変わります。そのことが、「生きていく」ということにほかなりません。人は、「生涯言葉の修業者」なのかも知れません。私もそのひとりです。

本書が多くの読者の目に触れることを願いつつ、そしてひとりでも多くの人が「気持ちが伝わる心ある言葉の使い手」として生きていかれることを心から念じています。

最後に、本書が成るにあたって、温かい励ましをいただいた坂上美樹編集長と三浦早良編集者に厚くお礼申し上げます。

2010年1月2日書き初めの朝に

編者　花田　修一

文化庁による敬語分類表

五分類		該当語例	三分類
尊敬語	「いらっしゃる・おっしゃる」型 相手側又は第三者の行為・ものごと・状態などについて、その人物を立てて述べるもの。	[行為について（動詞、及び動作性の名詞）] いらっしゃる、おっしゃる、なさる、召し上がる お使いになる、御利用になる、読まれる、始められる お導き、御出席、（立てるべき人物からの）御説明 [ものごとについて（名詞）] お名前、御住所、（立てるべき人物からの）お手紙 [状態について（形容詞など）] お忙しい、御立派	尊敬語
謙譲語Ⅰ	「伺う・申し上げる」型 自分側から相手側又は第三者に向かう行為・ものごとなどについて、その向かう先の人物を立てて述べるもの。	[行為について（動詞、及び動作性の名詞）] 伺う、申し上げる、お目に掛かる、差し上げる、 お届けする、御案内する [ものごとについて（名詞）] （立てるべき人物への）お手紙、御説明 [行為者について] 拙者、愚息	謙譲語
謙譲語Ⅱ（丁重語）	「参る・申す」型 自分側の行為・ものごとなどを、話や文章の相手に対して丁重に述べるもの。	[行為について（動詞、及び動作性の名詞）] ※自分側の行為以外にも使う 参る、申す、いたす、おる [ものごとについて（名詞）] 拙著、小社	
丁寧語	「です・ます」型 話や文章の相手に対して丁寧に述べるもの。	です、ます	丁寧語
美化語	「お酒・お料理」型 ものごとを、美化して述べるもの。	お酒、お料理	

2007年2月2日 文化審議会答申の「敬語の指針」による

参考文献（年代順）

『日本人の知らない日本語』蛇蔵・海野凪子、2009 年、メディアファクトリー
『心を育てる敬語指導』花田修一、2008 年、明治図書
『心を育む国語科授業を創る〈小学校編・中学校編〉』花田修一、2008 年、明治図書
『すべらない授業』梶原しげる、2008 年、新潮新書
『敬語の使い方』小崎誠二、2008 年、桐原書店
『日本語の歴史』亀井隆ほか、2007 年、平凡社ライブラリー
『大人の国語ドリル』板野博行、2007 年、扶桑社
『日本語はなぜ美しいのか』黒川伊保子、2007 年、集英社新書
『話し方を変えると「いいこと」がいっぱい起こる』植西聡、2007 年、三笠書房
『社会人話し方のマナーとコツ 188』なるほど倶楽部、2007 年、角川文庫
『すぐに役立つ日本語活用ブック』三省堂編修所、2007 年、三省堂
『問題な日本語』北原保雄、2007 年、大修館
『日本語検定公式模擬・練習問題集』日本語検定委員会、2007 年、東京書籍
『言葉を考える――中学生の日本語検索』石川直美、2007 年、渓水社
『日本語の源流を求めて』大野晋、2007 年、岩波新書
『これなら使える敬語 13 場面』青山由紀・関根健一、2007 年、光村教育図書
『ゲームとクイズで敬語のまとめ』青山由紀・関根健一、2007 年、光村教育図書
『知っておきたい敬語 19 場面』青山由紀・関根健一、2007 年、光村教育図書
『ちびまる子ちゃんの敬語教室』さくらももこ・関根健一、2007 年、集英社
『心を育む言葉の教育』花田修一、2006 年、明治図書
『敬語入門』渡辺由佳、2006 年、かんき出版
『運命を変える言葉の力』井形慶子、2006 年、集英社文庫
『好感度 200% UP の話し方』渋谷昌三、2006 年、ぶんか社出版
『上手な話し方の技術』櫻井弘、2006 年、中経出版
『日本語の歴史』山口仲美、2006 年、岩波新書
『大人の国語力が面白いほど身につく』話題の達人倶楽部、2006 年、青春出版社
『敬語表現教育の方法』蒲谷宏、2006 年、大修館
『問題な日本語』北原保雄、2005 年、大修館
『頭がいい人の敬語の使い方』本郷陽二、2005 年、日本文芸社
『いい言葉はいい人生をつくる』斎藤茂太、2005 年、成美文庫
『子どものための敬語の本　1　きほんのあいさつ』ながたみかこ、2005 年、汐文社
『かなり気がかりな日本語』野口恵子、2004 年、集英社新書
『敬語スラスラブック』日本語倶楽部、2004 年、河出書房新書
『相互交流能力を育てる「説明・発表」学習への挑戦』花田修一ほか、2004 年、明治図書
『「話す力」が面白いほどつく本』櫻井弘、2003 年、三笠書房
『日本語を反省してみませんか』金田一春彦、2002 年、角川書店
『日本語の 21 世紀のために』丸谷才一・山崎正和、2002 年、文春新書
『あなたは「日本語」話せます。か？』21 世紀日本語研究会、2001 年、竹書房文庫
『知ってるようで知らない日本語』柴田武、2001 年、PHP 文庫
『日本語力問題集』川本信幹、2001 年、明治書院
『日本語の磨きかた』林望、2000 年、PHP 新書
『日本語練習帳』大野晋、1999 年、岩波新書
『言葉の小径』花田修一、1998 年、ニチブン
『日本語ウォッチング』井上史雄、1998 年、岩波新書
『授業をひらくことばの力』花田修一、1997 年、三省堂
『生きる力を育む「話し言葉」授業の改革』花田修一、1997 年、明治図書
『敬語再入門』菊池康人、1996 年、丸善ライブラリー
『いい日本語、ちょっとうまい使い方』井口樹生、1995 年、講談社
『ことばづかい大研究』櫻本喜徳・浜祥子、1991 年、ポプラ社
『たのしいことばの学習』田近洵一・ことばと教育の会、1987 年、教育出版
『センスある日本語表現のために』中村明、1983 年、小学館
『話し言葉の技術』金田一春彦、1977 年、講談社学術文庫

【編者紹介】

花田修一（はなだ・しゅういち）

日本教育大学院大学学校教育研究科研究科長／教授

1941年福岡県生まれ。1963年福岡学芸大学（現 福岡教育大学）を卒業後、福岡市の公立中学3校と東京のお茶の水女子大学附属中学校で38年間教室に立ち、子どもたちに国語を教えてきた。2001年3月に定年退官。お茶の水女子大学文教育学部講師、青山学院大学文学部講師を経て、2006年4月から現職。日本国語教育学会監事、文化放送教育センター教務顧問、言語教育文化研究所理事、東京輪読会主宰、全国大学国語教育学会会員。

著書に、『心を育てる敬語指導——心ある言葉の使い手をめざして』『心を育む国語科授業を創る〈小学校編・中学校編〉』『心を育む言葉の教育』（いずれも明治図書）など多数。

【執筆者】（五十音順、執筆時の肩書き）

岩﨑　淳（学習院中等科教諭）

梅田悠紀子（広島なぎさ中学校・高等学校教諭）

小山惠美子（帝京大学教職大学院准教授）

齋藤正三（東京都稲城市立稲城第三中学校教諭）

鈴木一史（東京大学教育学部附属中等教育学校教諭）

初谷敬子（穎明館中学高等学校教諭）

日髙辰人（東京都杉並区立泉南中学校主幹教諭）

廣瀬修也（東京都江東区立東雲小学校教諭）

松木正子（お茶の水女子大学附属小学校教諭）

・イラスト　あらきあいこ
・カバーデザイン　守谷義明＋六月舎
・レイアウト　Shima.

イラスト版　気持ちが伝わる言葉の使い方
子どもとマスターする49の敬語

2010年3月6日　第1刷発行
2021年5月10日　第4刷発行
編　者　花田修一
発行者　坂上美樹
発行所　合同出版株式会社
東京都小金井市関野町1-6-10
郵便番号　184-0001
電話　042（401）2930
URL　http://www.godo-shuppan.co.jp
振替　00180-9-65422
印刷・製本　株式会社シナノ

■刊行図書リストを無料送呈いたします。
■落丁乱丁の際はお取り換えいたします。

ISBN978-4-7726-0465-9　NDC807 257×182